ORACIONES DIARIAS

— PARA RECIBIR —

PAZ

Un devocional y diario de reflexión de 30 días para mujeres

BROOKE McGLOTHLIN

WHITAKER
HOUSE
Español

Negritas y cursivas son énfasis de la autora.

Traducción al español por:
Belmonte Traductores
www.belmontetraductores.com

Edición: Ofelia Pérez

Oraciones diarias para recibir paz
Un devocional y diario de reflexión de 30 días para mujeres
©2024 por Brooke McGlothlin

ISBN: 979-8-88769-112-1
eBook ISBN: 979-8-88769-113-8
Impreso en los Estados Unidos de América

Whitaker House
1030 Hunt Valley Circle
New Kensington, PA 15068
www.espanolwh.com

1 2 3 4 5 6 7 8 9 10 11   31 30 29 28 27 26 25 24

ÍNDICE

PRÓLOGO

La paz en la Biblia no es meramente la ausencia de guerra, sino la presencia de sanidad e integridad. Cuando vemos la palabra *shalom*, denota una plenitud robusta y sincera de cuerpo, mente y espíritu. Es lo que Dios provee para una mamá en las trincheras, ya sea una cocinera exasperada para muchos, una cuidadora agotada, o que esté hasta el cuello de ropa sucia. Dios es la fuente de esa *shalom*, y la otorga de inmediato a quienes la necesitan.

Debemos orar para pedir paz de esa clase. No puedo pensar en otra persona mejor para escribir un libro sobre la oración y la paz y la crianza de los hijos que Brooke McGlothlin. Ella ha recorrido el camino desde la alegría hasta la angustia y de regreso a la plenitud. Es una compañera en la senda de la maternidad, alentando desde una posición de empatía.

Yo no siempre he criado a mis hijos con paz. Al haber crecido en un hogar que no quería duplicar, tenía temor a no realizar bien la crianza de los hijos porque tuve muy pocas referencias a las que acudir. Mi maternidad brotó de la desesperación y del anhelo de amar bien a mis hijos a pesar de mis incapacidades. Por lo tanto, muchas veces en medio del caos de un hogar lleno de niños, cedía a la exasperación.

En la noche contaba todos mis fracasos en la crianza, reprendiéndome a mí misma por no estar a la altura de una norma artificial que yo misma había creado. Amiga, eso no era paz.

Sin embargo, lo que sí hacía bien era llorar. Y, con frecuencia, esas lágrimas estaban dirigidas al cielo en cierto tipo de oración pidiendo ayuda. Conocía mi carencia. Conocía mis inseguridades. Conocía mis incapacidades. Este conocimiento se convirtió en un regalo para mí.

¿Por qué? Porque mi carencia me impulsó hacia los brazos de Jesús, quien era totalmente capaz de ayudarme a desarrollarme como mamá. Finalmente, entendí que Él no me encargaba hacer lo imposible (crear paz en nuestro hogar), sino que me estaba equipando para ser una persona de paz en medio del caos. En pocas palabras, Él me afianzó. Él me dio esperanza. Mediante el Espíritu Santo en mi interior, Él me otorgó paciencia y una voz más suave. Me ayudó a ver a mis hijos como compañeros de batalla en la senda de la vida, dándome empatía por ellos.

Si pudiera resumir mi versículo favorito sobre la crianza de los hijos, sería uno un poco extraño:

Así que ahora me alegra jactarme de mis debilidades, para que el poder de Cristo pueda actuar a través de mí. Es por esto que me deleito en mis debilidades, y en los insultos, en privaciones, persecuciones y dificultades que sufro por Cristo. Pues, cuando soy débil, entonces soy fuerte.
—2 Corintios 12:9-10, NTV

Aprendí que la paz no emanaba de mí en mis propias fuerzas; era creada sobre el escenario de mi debilidad e inseguridad. La verdadera *shalom* en mi hogar llegó cuando entendí mi profunda necesidad de Jesús y le pedí que me ayudara a amar a mis hijos.

Hay alegría en saber que no tenemos que fabricar la paz que Jesús quiere darnos cuando clamamos de rodillas en nuestra debilidad.

—Mary E. DeMuth
Autora de The Beautiful Word for Christmas
Podcaster, Pray Every Day (Ora cada día)

INTRODUCCIÓN

ACERCA DE LA PAZ

Una de las partes más difíciles de la crianza de los hijos en un hogar donde todos son varones, al menos para mí, es el ruido. Soy una mamá introvertida ante una mezcla de personalidades (varones introvertidos y extrovertidos), y esposa de un esposo a quien probablemente podría describir mejor como alguien que vive en la zona intermedia. Lo que eso significa, de un modo muy real para mí, es que el hogar puede ser *difícil*. El ruido simplemente nunca cesa... a menos que mis hijos estén dormidos. Ha sido así por años. Mis hijos son ahora adolescentes, de modo que tengo que asumir que eso podría no ser algo que terminará. En ocasiones, cuando escucho a mi hijo pequeño hacer *beatbox* mientras camina por la casa, creo que algún día extrañaré esos sonidos, pero la verdad es que una de las cosas que más valoro en la vida es simplemente la paz y la tranquilidad. Sencillamente, no tengo suficiente de eso.

Me tomó años entender que las personas introvertidas no están siendo egoístas cuando dicen que necesitan tiempo a solas, tiempo para estar simplemente tranquilas. Nuestra personalidad lo demanda. En realidad, creo que es seguro decir que nuestro propio cuerpo lo demanda. Si yo paso demasiado tiempo en modo "activado", comenzaré a tener dolor de cabeza. Es como si mi cuerpo (mi constitución física, biológica y espiritual) comenzara a cerrarse y obligarme a retirarme para estar a solas.

Mamás de niñas, sé que sus hogares pueden ser igual de ruidosos que los hogares donde hay varones; simplemente los sonidos y ruidos son diferentes, ¿no es cierto? Incluso quienes tienen ya el nido vacío o quienes no tienen hijos pueden batallar con sentirse abrumadas por los ruidos que hay en sus vidas. No puedo contar cuántas veces he rogado a mi familia a lo largo de los años que simplemente me conceda unos minutos de paz. Sin embargo, he llegado a entender que mi paz no tiene que depender de lo que sucede a mi alrededor. La paz es un estado interior que me pertenece como hija de Dios, como seguidora de Jesús, y que fue sellada y declarada indestructible el día que entregué mi vida a Cristo. Literalmente, ¡nada puede arrebatarla!

¿Por qué? Porque la Biblia dice que Jesús mismo *es* nuestra paz.

Efesios 2:14 (NTV) dice: *"Pues Cristo mismo nos ha traído la paz. Él unió a judíos y a gentiles en un solo pueblo cuando, por medio de su cuerpo en la cruz, derribó el muro de hostilidad que nos separaba".* Este versículo es parte de un pasaje en el que Pablo está ayudando a la iglesia en Éfeso a entender que ya no están divididos en distintos campamentos. Jesús, mediante el derramamiento de su sangre, literalmente hizo de ellos *"un solo pueblo".* Esto es importante para nosotras porque la mayoría de las personas que están leyendo estas palabras, yo misma incluida, encajan en el campamento gentil. Nosotras no éramos el pueblo escogido de Dios original (lo eran los judíos) pero, por causa de Jesús, nosotras que estábamos *"muy lejos de Dios"* [no éramos la raza escogida], ahora fuimos acercadas *"por medio de la sangre de Cristo"* (v. 13 NTV).

Ahora tenemos acceso a las bendiciones de ser hijas de Dios igual que lo tenía el pueblo judío en el Antiguo Testamento. Antes no lo teníamos, pero ahora lo tenemos. ¡Gloria a Dios!

¡Pero hay más! La muerte de Jesús en la cruz no solo sirvió para traer la paz entre judíos y gentiles. Jesús mismo es el motivo por el que *cualquiera* puede tener paz con Dios. Hubo un tiempo en el que yo no poseía la bendición de la salvación. Durante ese periodo vivía enfrentada a Dios. En realidad, la Escritura dice que yo vivía en oposición directa a Él y merecía el castigo eterno debido a eso. Sin embargo, todo cambió cuando tenía unos nueve años de edad. Una noche, en el servicio de avivamiento de nuestra iglesia, entregué mi vida a Jesús y le pedí que me salvara de mis pecados. Ahora, a causa de lo que Jesús hizo por mí, tengo paz con Dios. La ira de Dios como respuesta a mi pecado ya no está sobre mi cabeza, pues Jesús la tomó en mi lugar. Cuando puse mi fe en lo que Jesús hizo en la cruz para pagar el castigo por mi pecado, obtuve perdón, un hogar eterno en el cielo, y paz con Dios.

En un sentido muy real, experimentamos paz momentánea y también paz eterna a lo largo de nuestra vida. Sin duda, los sentimientos de paz que experimentamos en esos momentos cuando todo nos sale bien son realmente fugaces, y dependen de las circunstancias. ¿Y la paz eterna? Es la paz que Dios sella en nuestra corazón cuando llegamos a conocer a su Hijo. Si lo conocemos, tenemos paz que ni siquiera la peor de las circunstancias (o las familias más ruidosas) pueden arrebatarnos.

Y tal vez una de las cosas más importantes acerca de esta paz eterna que tenemos debido a la salvación, es que conduce a saber dominar la falta de paz momentánea. Cuando vemos el verdadero valor de la paz con Dios, eclipsa toda otra clase de ruido que el mundo podría lanzar a nuestro camino. Cuando reconocemos que nuestra mayor necesidad es *paz con Dios mediante el perdón de nuestros pecados*, y sabemos en nuestro corazón que ninguna circunstancia, sea buena o mala, puede quitarnos esa paz, cualquier otro ruido que intente robarla se desvanece. Entonces, podemos vivir en la tranquila seguridad de saber que, si nuestra mayor necesidad ya ha sido satisfecha por medio de Jesús, todas las demás necesidades serán satisfechas según las riquezas de Dios en el momento adecuado.

He escogido los versículos en este diario de oración con la esperanza de que te ayuden a poner en práctica el arte de permitir que tu paz eterna triunfe sobre los ataques momentáneos contra ella. Lo único necesario es un poco de esfuerzo para sustituir los pensamientos y emociones negativos por confianza, plantear las preguntas correctas, y mantener el valor de tu salvación como la lente con la cual miras todo lo demás.

Por *tu* paz,
Brooke McGlothlin

EL MÉTODO PIENSA, ORA Y ALABA PARA LA ORACIÓN DIARIA

Cuando comencé a orar por mis propios hijos, me inspiraron dos verdades importantes acerca de la Palabra de Dios:

1. *La palabra de Dios es viva y eficaz, y más cortante que las espadas de dos filos, pues penetra hasta partir el alma y el espíritu, las coyunturas y los tuétanos, y discierne los pensamientos y las intenciones del corazón.* (Hebreos 4:12, RVC)

2. Dios declara: *"Así es también la palabra que sale de mi boca: No volverá a mí vacía, sino que hará lo que yo deseo y cumplirá con mis propósitos".* (Isaías 55:11, NVI)

Si estos dos versículos eran ciertos (y yo creía que sí lo eran), ¡me pareció que lo mejor que podía hacer era orar la Palabra de Dios! Debido a que esta experiencia fue tan profunda para mí, es la misma que he utilizado para enseñar a otras mujeres a orar. Yo lo llamo el método "Piensa, ora, alaba". No tiene ningún misterio, es simplemente una forma práctica y bíblica de orar declarando la Palabra de Dios sobre ti misma o sobre las personas a las que amas. También es el método que usamos en el diario de oraciones diarias de *Million Praying Moms* (Un millón de mamás que oran). Permíteme que camine contigo paso a paso.

PIENSA

En la página de cada día, te damos un versículo con el que puedes orar para que sea fácil seguir este método de oración. Sin embargo, siempre puedes buscar tú misma en las Escrituras algún versículo con el que quieras orar. Después de haberlo escogido, reflexiona sobre él, procésalo, y medita en tu versículo. Si tienes tiempo, lee algunos de los versículos que están antes y después del que has escogido, o incluso el capítulo entero de la Biblia, para que tengas el contexto adecuado y lo entiendas mejor. Piensa en lo que Dios te está hablando al corazón a través de su Palabra y a través de ese versículo. Sueña con el futuro y con lo que implicaría ver el mensaje de ese versículo hacerse realidad en tu propia vida o en las vidas de tus hijos. Analiza con sencillez el texto y descubre qué oraciones vienen a tu mente.

ORA

Mi deseo durante casi diez años ha sido dejar que mis oraciones sean inspiradas por la Palabra de Dios. Pongo mucho empeño en intentar no sacar versículos de contexto, o usarlos para un propósito o significado diferentes al que Dios tenía en mente para ellos. Leer los versículos en su contexto, como acabo de sugerir, ayuda mucho con esto. Una vez que he escogido un versículo, lo transformo en oración. Normalmente intento mantenerlo tal cual, palabra por palabra, lo máximo posible y después dirijo esa oración a Dios. Puedes ver un ejemplo del "Versículo del día" y la oración que sacamos de él en las páginas diarias de este libro.

Cuando tienes tu versículo y tu oración, utiliza los pensamientos que vienen a tu mente como punto de partida para que la Palabra de Dios te dirija y dé forma a tus oraciones.

ALABA

¡La alabanza es mi parte favorita de este método de oración! Alabar a Dios es como ponerte unos lentes de color rosa: literalmente cambia tu modo de mirar el mundo que te rodea.

Ann Voskamp, autora de éxitos de ventas del *New York Times*, escribió lo siguiente:

> Los valientes que se enfocan en todo lo bueno, en todo lo hermoso y en todo lo verdadero, incluso en las cosas pequeñas, dando gracias por ello y descubriendo el gozo del aquí y ahora, son los agentes de cambio que traen la luz más brillante a este mundo. Estar gozosa no es lo que te hace estar agradecida. Estar agradecida es lo que te hace estar gozosa.[1]

Cuando nos detenemos para reflexionar intencionalmente en las cosas buenas que Dios está haciendo en nuestra vida en este momento, todo cambia (me refiero incluso a las cosas más insignificantes que tenemos que esforzarnos para ver, como tener que limpiar para recibir a un grupo de estudio bíblico en casa. Puede que no quieras limpiar, ¡pero al menos sabes que llegan personas para hablar contigo sobre la Biblia!). En lugar de enfocarnos en todo lo que no tenemos o lo que no nos gusta (como limpiar), la gratitud por lo que sí tenemos (estar con hermanos y hermanas en Cristo) florece en nuestros corazones, haciendo que estemos verdaderamente gozosas. Cada día intento escribir algunas cosas por las que estoy agradecida, alabando a Dios por su obra continuada de gracia en mi vida.

BONO

Seguramente te has fijado en que las páginas diarias tienen unos espacios para hacer listas. Me encanta esa sección porque me

---

1. Ann Voskamp, *One Thousand Gifts: A Dare to Live Fully Right Where You Are* (Nashville, TN: W Publishing Group, 2010).

he dado cuenta de que cuando me siento a orar, mi mente se llena de todas las cosas que tengo que hacer en el día. Siempre me pasa. Todos los días. Siento que la urgencia de mi horario empieza a tomar el control, distrayéndome del tiempo en la Palabra de Dios y la oración que necesito tan desesperadamente. Apartar un minuto para anotar rápidamente mi lista de quehaceres antes de comenzar, es como descargar todo lo que satura mi cerebro cada día. Si escribo la lista, ya no se me olvidará lo que tengo que hacer ese día, y eso me libera para poder emplear el tiempo que he decidido pasar en oración sin que la preocupación me lo robe.

PETICIONES DE ORACIÓN

Interceder a favor de otros es parte de ser una mujer de oración. Mi vida cambió literalmente el día en que una buena amiga me agarró de las manos y me dijo: "Oremos por esto ahora mismo", en lugar de decir: "Estaré orando por ti". No siempre podrás orar por otros en persona, pero llevar un registro de sus necesidades en una lista de oración como la que encontrarás abajo a la izquierda de las páginas diarias, es una buena manera de asegurarte de ser fiel para cubrirles en oración.

¡VE!

El camino de oración que tienes en tus manos me emociona mucho. Cada día comienza con un devocional que ha sido escrito específicamente para ti, y termina con algunos versículos y preguntas extra para reflexionar, que son la manera perfecta de llevar tu estudio de la paciencia al siguiente nivel o compartirlo con un grupo. ¡A partir de ahora te consideramos parte de la familia de *Million Praying Moms*!

Conecta con nosotras en www.millionprayingmoms.com y mantennos al día de las cosas que Dios está haciendo en tu vida a medida que oras.

Día 1

¿DE DÓNDE OBTENEMOS PAZ REALMENTE?

LECTURA: JUAN 16

Estas cosas os he hablado para que en mí tengáis paz. En el mundo tendréis aflicción; pero confiad, yo he vencido al mundo.

—Juan 16:33

Tengo un amigo que no habla claro. Habla rápido, se ríe mientras habla, y además de todo eso, susurra. Hace varios años atrás tuve un problema en el oído que me causó pérdida auditiva, así que te puedes imaginar cuán difícil me resulta cuando converso con este amigo. Muchas veces he querido levantar la mano y decir: "¿Podrías hablar claro?". No es que hable usando adivinanzas, aunque su sentido del humor a veces me pierde. Simplemente me cuesta entenderlo, sobre todo cuando hay mucha gente alrededor. Nunca heriría sus sentimientos por decirle eso. En cambio, cuando estamos juntos simplemente me acerco más, me fijo en sus labios, y a veces me llevo la mano a la oreja discretamente para oír mejor.

Los Evangelios pintan un escenario en el que los doce apóstoles estaban continuamente acercándose, observando de cerca a Jesús e intentando oírlo bien para poder entender. Los imagino sentados lo más cerca posible, con las manos en las orejas, las mentes intentando absorber el verdadero significado de sus palabras que, para ser sinceros, eran un poco difíciles de entender. Hasta el momento de su arresto, Jesús había hablado a menudo a la gente mediante parábolas y figuras retóricas que los discípulos encontraban difíciles de entender, pero al final de Juan 16 su significado comienza a verse claro. De hecho, en el versículo 29 los discípulos dicen: *"He aquí ahora hablas claramente, y ninguna alegoría dices"*. Es como si por fin son capaces de entender a Jesús por primera vez, ¡y se sienten muy bien! Irónicamente, lo *escuchan* pero aún no consiguen entender del todo (y no lo consiguieron hasta su resurrección).

El mensaje de Cristo no era exactamente buenas noticias, al menos desde la perspectiva de ellos. En Juan 16:31-33 Jesús dice:

> *¿Ahora creéis? He aquí la hora viene, y ha venido ya, en que seréis esparcidos cada uno por su lado, y me dejaréis solo; mas no estoy solo, porque el Padre está conmigo. Estas cosas os he hablado para que en mí tengáis paz. En el mundo tendréis aflicción; pero confiad, yo he vencido al mundo.*

PARA PENSAR

Jesús dejó bien claro a los discípulos que *Él* iba a ser su paz. Nunca les dijo que la paz llegaría de sus circunstancias, de casas bonitas, de cuántas oraciones iba a responder Él exactamente como ellos querían, o de seguridad física y emocional. No, después de darles la noticia de que se iba y ellos se dispersarían, les dijo que Él sería su paz *a pesar de* sus circunstancias, que serían difíciles mientras vivieran a este lado del cielo. No era exactamente un mensaje lleno de paz.

Cuando yo tenía unos veinte años, un amigo mío me habló de los detalles de su enojo con Dios, preguntando: "¿Qué ha hecho Él por mí?". Yo llevaba poco tiempo caminando de cerca con el Señor cuando tuvimos esa conversación, y no supe qué decir para ayudarlo. Ahora, más de veinte años después, sé que estaba buscando paz del Dios que creía que querría darle una vida sin problemas, no del Dios que entregó a su único Hijo para darnos paz eterna mediante la salvación. Mi amigo no entendía que Jesús nunca prometió darnos paz como el mundo la define. Por el contrario, nos prometió que sus propios brazos serían un descanso, un refugio en la tormenta, un lugar al que podíamos correr para obtener fuerza, consuelo y verdad para poder sobrevivir a cualquier circunstancia difícil que enfrentáramos. Jesús no solo nos da paz; Él es nuestra paz. Por lo tanto, si la queremos, tenemos que correr a Él.

MÁS VERSÍCULOS PARA ESTUDIAR U ORAR
Juan 14:27; Hebreos 12:14

VERSÍCULO DEL DÍA

Estas cosas os he hablado para que en mí tengáis paz. En el mundo tendréis aflicción; pero confiad, yo he vencido al mundo. —Juan 16:33

ORACIÓN

Padre, gracias por crear un camino por el cual podemos tener paz. Cuando el mundo quiera traernos problemas como siempre hará, podemos encontrar paz en quién eres tú y lo que hiciste por nosotras a través de tu Hijo. Ayúdanos a aprender a correr a ti. En el nombre de Jesús, amén.

PIENSA

ORA

ALABA

_____

_____

_____

PENDIENTES   LISTA DE ORACIÓN

PREGUNTAS PARA UNA REFLEXIÓN
MÁS PROFUNDA

1. Piensa en un momento reciente en el que el mundo parecía que estaba fuera de control. ¿Cuáles eran tus verdaderos sentimientos o emociones durante ese tiempo?

_____

_____

2. ¿Cómo peleaste a través de la niebla de sentirte abrumada para volver a algún tipo de normalidad? ¿Funcionó? ¿Hay algo que tenga que cambiar en cuanto a tu respuesta?

_____

_____

Día 2

LA PAZ NO ES
UNA EMOCIÓN

LECTURA: GÁLATAS 5

Mas el fruto del Espíritu es amor, gozo, paz, paciencia,
benignidad, bondad, fe, mansedumbre, templanza;
contra tales cosas no hay ley.
—Gálatas 5:22-23

En el primer devocional de esta serie, *Oraciones diarias para encontrar el gozo*, mi amiga Gina Smith dice: "El gozo del Señor no es una emoción. Lo experimentamos cuando escogemos enfocarnos en la gracia que Dios ha derramado sobre nosotras, el perdón que nos ofrece, y las verdades de su Palabra que nos hacen aprender y crecer continuamente".

No puedo ni contar las veces que he leído y releído la primera frase de esta cita. "*El gozo del Señor no es una emoción*". Hay algo en esa frase que me hace detenerme y pensar; no puedo evitar preguntar: "Si el gozo no es una emoción, entonces ¿qué es? ¿Acaso el gozo no es lo que siento cuando algo me sale bien? ¿Acaso no es lo que llena mi corazón hasta desbordarlo cuando mi hijo hace un punto triple o batea un jit? ¿Acaso no es el orgullo que siento cuando uno de mis hijos hace sus tareas sin que se lo pida, sujeta la puerta para que pase una pareja anciana, u ora en voz alta en el grupo de jóvenes?".

¿Cómo es que el gozo no es una emoción? Realmente es la forma que me *siento.*

Tal vez te preguntas por qué estás leyendo acerca de la palabra *gozo* en un devocional sobre la *paz.* La respuesta se encuentra en Gálatas 5:2-23. Pablo le está diciendo a la iglesia en Galacia lo que han aprendido sobre Cristo y cómo caminar en el Espíritu. Antes, los había acusado de abandonar su fe y *"pasarse a otro evangelio"* (Gálatas 1:6).

Les recuerda que Cristo les ha hecho libres del *"yugo de esclavitud"* (Gálatas 5:1) y los invita a hacer cosas tan maravillosas como amar a su prójimo como a sí mismos (versículo 14), ser *"guiados por el Espíritu"* (versículo 18), y alejarse de *"las obras de la carne"* (versículos 19-21). Después de decirles todas las cosas de las que tienen que huir, hace un cambio y les ofrece una lista de rasgos de la personalidad que deberían crecer en sus corazones y en sus vidas al dejar de lado los deseos de la carne y seguir aprendiendo y creciendo en su relación con Dios: *"amor, gozo, paz, paciencia, benignidad, bondad, fe, mansedumbre, templanza"* (versículos 22-23). ¿Lo ves ahí? Justo al lado de la palabra *gozo* está la palabra *paz.*

Si el gozo no es una emoción, entonces la paz tampoco lo es. Ambos son frutos del Espíritu, frutos de una relación viva, creciente y transformadora con Jesús. No son reacciones a lo que está sucediendo por fuera o a nuestro alrededor; son reflejos internos de lo que Dios está haciendo crecer dentro de nosotras. Fruto, no emoción. Respuesta, no reacción. Y, por diseño, el fruto crece cuando es alimentado.

PARA PENSAR

Cuando leí la cita de Gina de nuevo a través de esta nueva lente, me di cuenta de que he estado intentando asignar una definición mundana del gozo y de la paz a una definición bíblica. Agujero redondo, pieza cuadrada. No llega a encajar nunca, ¿verdad?

¿Proyectar las definiciones y normas del mundo sobre la Biblia? ¿No debería de ser al revés? ¿Permitir que lo que dice la Biblia influya en cómo entendemos el mundo? Cuando hacemos eso, vemos que nuestra paz no viene de nuestra habilidad para controlar nuestras circunstancias (no es la ausencia de dolor, dificultad o tribulación), sino de la presencia de Dios que crece en nuestras vidas. Esta presencia no deja lugar para el caos al recordarnos el carácter de Dios como nuestro proveedor, protector y salvador; amable, compasivo, generoso, íntegro, perdonador, bueno, santo, recto, y mucho más. ¿Qué falta en esa lista para que podamos tener paz?

No puedo encontrar nada. De hecho, cada circunstancia o evento que amenaza con robarme la paz es respondida en el carácter del Dios viviente y reflejada a través de su Hijo Jesucristo. Lo encuentro al apegarme a Él.

MÁS VERSÍCULOS PARA ESTUDIAR U ORAR

1 Tesalonicenses 5:3; 2 Tesalonicenses 3:16

VERSÍCULO DEL DÍA

Mas el fruto del Espíritu es amor, gozo, paz, paciencia, benignidad, bondad, fe, mansedumbre, templanza; contra tales cosas no hay ley. —Gálatas 5:22-23

ORACIÓN

Padre, pase lo que pase hoy, ayúdame a encontrar la paz al saber cuál es tu carácter. Ayúdame a recordarlo en tiempos de necesidad y sin importar lo que llegue. Que la respuesta que salga de mi corazón refleje la obra que tú continuas haciendo en él. Ayúdame a encontrar mi paz en ti. En el nombre de Jesús, amén.

PIENSA

ORA

ALABA

PENDIENTES   LISTA DE ORACIÓN

PREGUNTAS PARA UNA REFLEXIÓN MÁS PROFUNDA

1. ¿Cuáles son los atributos o rasgos de la personalidad de Dios que te producen paz? Haz una lista y guárdala en tu Biblia.

2. ¿Cuál es tu reacción instintiva o tu primera respuesta a la idea de que la paz no es un sentimiento, sino un fruto? Ora para pedirle a Dios que haga crecer este fruto en tu vida.

_____

_____

_____

Día 3

LA PAZ ES TU REGALO

LECTURA: JUAN 14

La paz os dejo, mi paz os doy; yo no os la doy como el mundo la da. No se turbe vuestro corazón, ni tenga miedo.

—Juan 14:27

Hace unos años atrás, mi esposo y yo atravesamos una serie de circunstancias muy dolorosas. De hecho, lo que tuvimos que soportar puede clasificarse como una de las cosas más dolorosas que hemos experimentado hasta la fecha. Nos hirió profundamente y nos llevó a cuestionarnos nuestros llamados, incluso quiénes éramos en Cristo. Sinceramente, nos hizo cuestionar a Cristo mismo; a menudo nos encontrábamos enojados con Dios por permitir que eso ocurriera. Nos sentíamos rechazados, no respetados, y muy, muy solos.

A lo largo de los meses siguientes fuimos confrontados por ese dolor una y otra vez, arriba y abajo, como oleadas de desmotivación a lo largo de las etapas. A veces las cosas estaban bien… y otras veces no lo estaban. Cuando las cosas iban bien, yo estaba llena de esperanza, me sentía en paz en mi relación con Dios y con los demás, y vivía mi día a día sintiéndome realizada en mi caminar cristiano. Cuando las cosas no iban bien, estaba llena de temor, me sentía frustrada en mi relación con Dios y con los demás, y vivía mi día a día herida, preguntándome si de verdad tenía algo que ofrecer para el reino de Dios. Era como estar en una montaña rusa de emociones eterna, como que te arranquen una venda justo cuando la herida se empezaba a curar, y así tener que comenzar el proceso de nuevo.

Un día, según veía las señales de un descenso inminente, tuve una revelación. Al encontrarme en lo alto de los carriles de la montaña rusa, en ese momento a cámara lenta, justo antes de que el tren se desplome, sentí que el Señor me habló al corazón.

Dijo: "Simplemente bájate".

Bájate. Escoge no montarte en esa atracción. Vamos a hacer algo diferente.

Ese día escribí esto en mi devocionario personal: "Pase lo que pase en mi vida... independientemente si esta circunstancia cambia o no, se cura o no... tengo paz en mi relación con Jesús. *Él es mi paz*. No tengo que esperar a que se acabe la atracción para tener paz. Puedo elegir bajarme y aferrarme al brazo de la verdadera fuente de mi paz ahora mismo. Lo escojo a Él".

PARA PENSAR

Juan 14:27 nos dice específicamente que el tipo de paz que Jesús nos dejó no es el mismo tipo de paz que el mundo busca darnos, y aun así, a menudo actúo como si debiera serlo. Podría darle vueltas al deseo de mi corazón de tener paz en todas mis relaciones, en cada circunstancia y cada nuevo día, pero eso solo significa que *yo* quiero controlar lo que me sucede, que no confío en que el Dios del universo me dará los retos que necesito para parecerme más a Él.

La otra opción es escoger el regalo de la paz que Jesús me dio al morir. Si escojo ver a Jesús como mi paz, entonces allá donde mire veré paz. Dondequiera que vaya veré paz. Y en cada decisión que tome tendré paz.

La paz no siempre viene de lo que está ocurriendo en nuestras vidas, de nuestras relaciones, o incluso de tomar buenas decisiones. Esa no es la paz que se nos promete. Pero *sí* se nos promete la paz que da Jesús. Ese tipo de paz perdura por encima de cualquier otra y nos da la habilidad de entregar relaciones, circunstancias o incluso heridas profundas difíciles a Aquel que puede cambiarlas.

Te invito a bajarte de la montaña rusa de tu propia vida y decidir caminar con el regalo de la paz que Jesús murió para darte: Él mismo.

MÁS VERSÍCULOS PARA ESTUDIAR U ORAR

Salmos 122:6; Mateo 10:34

VERSÍCULO DEL DÍA

La paz os dejo, mi paz os doy; yo no os la doy como el mundo la da. No se turbe vuestro corazón, ni tenga miedo.

—Juan 14:27

ORACIÓN

Padre, gracias por sanar nuestras heridas más y más con el paso del tiempo. Defiéndenos y ayúdanos a confiar en ti en cada circunstancia que enfrentemos. Oro y te doy gracias porque ningún arma forjada contra nosotras prosperará. Tú eres nuestra roca y nuestro defensor. Escojo descansar en ese pozo profundo de paz. Me bajo de la montaña rusa con tu ayuda, y adorándote por hacerlo posible. En el nombre de Jesús, amén.

PIENSA

_____

_____

_____

ORA

_____

_____

_____

ALABA

_____

_____

_____

PENDIENTES   LISTA DE ORACIÓN

_____

_____

_____

PREGUNTAS PARA UNA REFLEXIÓN MÁS PROFUNDA

1. ¿Alguna vez has pensado en el hecho de que la paz es un regalo para ti de parte de Dios, y no algo que tienes que crear tú misma como respuesta a tus circunstancias?

_____

_____

_____

2. ¿Dónde has buscado paz en el pasado? ¿Qué tal te resultó eso?

_____

_____

_____

Día 4

CÓMO NO ESTAR AFANOSA

LECTURA: FILIPENSES 4

*Por nada estéis afanosos, sino sean conocidas
vuestras peticiones delante de Dios en toda oración y ruego,
con acción de gracias. Y la paz de Dios, que sobrepasa
todo entendimiento, guardará vuestros corazones y
vuestros pensamientos en Cristo Jesús.*
—Filipenses 4:6-7

Soy una firme creyente en que la Biblia no nos ofrece muchas fórmulas. Por ejemplo, como la creadora de *Million Praying Moms*, hablo mucho sobre ser una mamá que ora, y a menudo comparto la historia de cómo Dios usó la maternidad para tambalearme de las mejores maneras. Soy una persona muy orientada a conseguir objetivos, y hasta que me convertí en mamá, siempre había sido capaz de trabajar lo suficientemente duro para conseguir lo que quería. Ingenuamente creía que eso también funcionaría así en la crianza de los hijos: al trabajar mucho, saldrán buenos niños.

Si eres mamá, te estás riendo conmigo porque sabes que eso no siempre es verdad. Si la Biblia nos diera una fórmula para criar niños buenos y piadosos, todas lo estaríamos haciendo, y habría menos niños que abandonan la iglesia cuando cumplen los dieciocho. No, yo aprendí por el camino difícil que hay mucho más en el mundo de la crianza que tan solo A + B = C.

Pero, a veces, la Biblia sí nos hace una promesa.

He experimentado todo tipo de ansiedades y afanes diferentes en mi vida. Estoy segura de que tú también. Si nos pudiéramos sentar juntas, seguramente podríamos hacer una lista de todas las diferentes cosas por las que podemos sentirnos ansiosas en el mundo... pero lo único que conseguiríamos sería sentirnos más ansiosas.

La ansiedad normalmente se define como la ausencia de paz, y estoy dispuesta a apostar a que la mayoría de los cristianos se sienten más ansiosos que con paz. Esto es triste porque, como acabamos de decir, Jesús murió para darnos paz; no la paz del mundo, sino la paz con Él, el tipo de paz que perdura por encima del resto. Por lo tanto, ¿qué puede hacer un cristiano cuando la ansiedad vence a la paz? Creo que hay una promesa para nosotras en Filipenses 4:6-7 que funcionará cada vez que la usemos.

Lee este pasaje ahora y después pregúntate: "¿Y si de verdad viviéramos como dice Filipenses 4:6-7?".

PARA PENSAR

Lee los versículos despacio. ¿Lo ves? En estos versículos Dios nos da una guía que seguir paso a paso para tener paz en cualquier circunstancia: una paz activa, viva y transformadora. Sigue este orden:

Cuando te sientas ansiosa y afanada, date cuenta. Incluso puedes decir en voz alta: "¡Para!" como mensaje a ti misma para interrumpir tus pensamientos y dirigir tu mente hacia otra dirección. Hagas lo que hagas, en cuanto identifiques la ansiedad, detenla. Considera esto como el cumplimiento de 2 Corintios 10:4-5, que dice: *"porque las armas de nuestra milicia no son carnales, sino poderosas en Dios para la destrucción de fortalezas, derribando argumentos y toda altivez que se levanta contra el conocimiento de Dios, y llevando cautivo todo pensamiento a la obediencia a Cristo".*

Acude a Dios en oración. Inmediatamente. Ahora mismo. Dondequiera que estés. ¿Necesitas ir al baño y esconderte? Hazlo. ¿Necesitas apartarte a un lado en la carretera e inclinar tu cabeza? Hazlo. ¿Necesitas postrarte ante Dios en tu cuarto donde nadie más puede ver? Póstrate. No dejes que pase otro momento sin llevar tus ansiedades y necesidades ante Dios. Háblale de ellas y pídele que las lleve por ti.

Pide paz. Te prometo que cuando pasas por un proceso así, sentirás una sensación de paz, a veces inmediatamente. Si no la sientes inmediatamente, sé como Jacob en Génesis 32:24-32 y pelea con Dios en oración hasta que Él te bendiga con paz. Niégate a moverte de tu lugar de oración hasta que Él te dé paz y la capacidad de confiar en Él para dar el siguiente paso. Y no tengas miedo de hacerlo de nuevo. El enemigo quiere que estés llena de ansiedad porque sabe que eso evita que actúes en el poder de Dios. Si sientes que la ansiedad vuelve a aparecer, regresa a tu lugar de oración. Apártate a la orilla de nuevo. Póstrate de nuevo. Llévalo de nuevo ante Dios, y la victoria será tuya. Puede que las rodillas te duelan durante un rato, pero valdrá la pena.

¿Un paso extra? Sigue Filipenses 4:8-9 y escoge enfocar tu mente en todo lo que sea verdadero, honesto, justo, puro, amable, admirable, excelente y digno de adoración. Cuando llenas tu mente de estas cosas, no queda mucho lugar para la ansiedad.

MÁS VERSÍCULOS PARA ESTUDIAR U ORAR

1 Crónicas 22:9; Romanos 15:13

VERSÍCULO DEL DÍA

Por nada estéis afanosos, sino sean conocidas vuestras peticiones delante de Dios en toda oración y ruego, con acción de gracias. Y la paz de Dios, que sobrepasa todo entendimiento, guardará vuestros corazones y vuestros pensamientos en Cristo Jesús. —Filipenses 4:6-7

ORACIÓN

Padre, gracias por crear un camino en todas las cosas, para que vivamos victoriosas y llenas de paz en un mundo que carece de paz. En el nombre de Jesús, amén.

PIENSA

ORA

ALABA

PENDIENTES   LISTA DE ORACIÓN

PREGUNTAS PARA UNA REFLEXIÓN MÁS PROFUNDA

1. ¿Eres una persona ansiosa? ¿Alguien que siente las cosas de modo tan profundo que afecta tu capacidad de actuar a lo largo del día?

_____

_____

_____

2. Haz la conexión *que te permita ver que confiar es el puente entre* dejarle saber a Dios tus peticiones y experimentar paz. Confía en Él lo suficiente para seguir los pasos y obtener la paz que Él ha destacado en su Palabra. Cuando le hayas entregado tus sentimientos a Dios, confía en que Él es bueno y se ocupará de ellos. ¿Confías en Él?

_____

_____

_____

Día 5

LLEVA LA PAZ

LECTURA: MATEO 5

Bienaventurados los pacificadores,
porque ellos serán llamados hijos de Dios.
—Mateo 5:9

Cuando viajo en avión, me gusta sentarme en el pasillo. Sé que es extraño, pero realmente prefiero no sentarme cerca de la ventana si puedo evitarlo porque suelo marearme. Sí, las vistas desde el asiento de la ventana son espectaculares, pero no puedes disfrutarlas mucho si el mareo y las náuseas amenazan a los que están a tu alrededor.

Realmente nunca he vomitado mi almuerzo en un avión, pero he estado bastante cerca un par de veces. Lo que me mata es el ascenso y el descenso. Una vez que estoy en el aire, suelo encontrarme bien, pero no me gusta arriesgarme. En cuanto me subo al avión, me coloco los audífonos como señal de que no quiero hablar con nadie, agarro mi aceite esencial de menta de confianza, y comienzo a leer o a escuchar música de adoración. *Soy introvertida, pero este ritual no tiene mucho que ver con mi personalidad.* Se trata de intentar controlar mi experiencia para no encontrarme mal y hacer que todos los que me rodean se encuentren mal.

En un viaje en particular, de camino a dar una charla en una conferencia para mujeres, me encontré no solo batallando con los mareos de siempre, sino también con un malestar en el corazón.

Estaba nerviosa y con miedo. No era una oradora experimentada, y había dejado un poco de caos atrás con el que mi esposo tendría que lidiar. No solo eso, sino que alguien a quien apreciaba había cuestionado recientemente mis motivos para hablar y escribir. Eso me sacudió. Irónicamente, o quizá no, cuando al avión despegaba empezó a sonar una canción que se me había olvidado que había descargado. Es una canción de Jason Gray titulada "With Every Act of Love" (Con cada acto de amor).[2] La parte que me llamó la atención ese día simplemente decía: "Llega tu reino con cada acto de amor".

PARA PENSAR

Como creyentes de Jesús, tenemos al reino de Dios obrando en nosotras y a través de nosotras… el mismo Cristo, a través del Espíritu Santo, caminando con nosotras. Con esa canción sonando me di cuenta —tal vez por primera vez o quizá simplemente de una forma nueva— de que literalmente llevaba a Jesús conmigo en cada situación que enfrentara. Por eso tuve la oportunidad de alcanzar las vidas de otras personas con el reino a través de mis muestras de amor y amabilidad. Suena un poco como a ofrecer paz, ¿no?

Mateo 5:9 es parte de un discurso más largo de Jesús llamado las Bienaventuranzas. Está enseñando a la gente lo que es el reino de Dios cuando se vive de verdad. Irónicamente, no se parece en nada a lo que ellos se imaginaban. Jesús llamó "bienaventurados" a aquellos que hicieran todo tipo de cosas que normalmente no pensaríamos que serían bienaventuradas, cosas como ser pobre en espíritu, manso, llorar, y tener hambre de justicia. Y en el versículo 9 dice: *"Bienaventurados los pacificadores"*.

En su comentario bíblico, el ministro Matthew Henry escribió:

---

2. Jason Gray, "With Every Act of Love", on *Love Will Have the Final Word* (Centricity Music, 2014).

Esas personas son bienaventuradas, pues tienen la satisfacción de disfrutar de guardar la paz, y de ser verdaderamente serviciales con los demás, al darles paz. Trabajan juntamente con Cristo, que vino al mundo a vencer toda enemistad, y a proclamar paz en la tierra. Serán llamados hijos de Dios... serán de Dios, y lo reflejarán.

¿Era posible que al verme a mí misma como una portadora del reino (en cierto modo), podía comenzar a disfrutar de verdad situaciones difíciles al amar a otros y ofreciendo la paz de Dios? Sí. Incluso si me sentía sacudida por mi falta de experiencia. Incluso cuando me sintiera ofendida y dañada por malas palabras. Incluso si pensaba que era la persona menos importante de la sala y me preguntara si alguien me veía.

Aun así, podía escoger ser una parte de lo que Dios está haciendo en el mundo al llevar su reino y ofrecer paz.

MÁS VERSÍCULOS PARA ESTUDIAR U ORAR

Filipenses 4:2; 2 Timoteo 2:22

VERSÍCULO DEL DÍA

Bienaventurados los pacificadores, porque ellos serán llamados hijos de Dios. —Mateo 5:9

ORACIÓN

Padre, ayúdame a escoger llevar tu paz a cada situación que enfrente. En el nombre de Jesús, amén.

PIENSA

ORA

ALABA

PENDIENTES   LISTA DE ORACIÓN

PREGUNTAS PARA UNA REFLEXIÓN MÁS PROFUNDA

1. Cuando entras a una habitación, ¿qué actitud llevas contigo? ¿Pacificadora? ¿Tormentosa? ¿Amable? ¿Enojada? Tómate un minuto para pensar sobre qué sentimientos asocian las personas a tu presencia.

2. ¿Es la respuesta a la pregunta anterior lo que *quieres* que la gente sienta cuando te ve llegar?

_____

_____

_____

Día 6

EN BUSCA DE LA PAZ

LECTURA: 1 PEDRO 3

Porque: El que quiere amar la vida Y ver días buenos,
Refrene su lengua de mal, Y sus labios no hablen engaño;
Apártese del mal, y haga el bien; Busque la paz, y sígala.
—1 Pedro 3:10-11

Estábamos sentados en nuestro grupo de hogar cuando él lo dijo. Acabábamos de terminar una deliciosa comida, como cada domingo después de la iglesia, y nos habíamos sentado a compartir motivos de oración cuando nuestro vecino, un querido amigo, compartió cuán estresado estaba. Su lista de cosas por hacer era más de lo que podía gestionar, su trabajo estaba cambiando y podía implicar una mudanza, y su jardín necesitaba ser podado desesperadamente, pero ni siquiera podía sacar tiempo para hacerlo.

Nuestro vecino no fue directo a su casa después de la reunión ese domingo. Su familia tenía algunos recados entre manos, así que no volverían hasta dentro de otro par de horas más. Según mi esposo y yo nos acercábamos a la casa, podíamos ver su césped muy crecido, algo inusual en él, y supimos lo que teníamos que hacer. Sinceramente no me acuerdo si lo sugerí yo o si mi esposo lo sintió en el corazón, pero unos momentos después de que los muchachos se bajaron del auto y pasaron a la casa, él estaba cortando el césped de nuestro vecino... en domingo.

No sé si toda la gente alrededor del mundo es igual de quisquillosa con el tema de cortar el césped un domingo como lo somos aquí en Virginia, pero de donde yo provengo es algo que definitivamente no se hace. En casi veinte años de matrimonio, puedo contar con una mano las veces que mi esposo lo ha hecho, y todas ellas fueron para ayudar a alguien o porque literalmente era el único día que podía hacerlo antes de que estuviéramos viviendo en una jungla. Solo tenía un poco de culpa al respecto al mirar afuera y verlo servir a alguien a quien amábamos. No teníamos un tractor cortacésped en aquel entonces, así que cortó el jardín entero con una cortadora de césped manual.

Fuimos a la ventana cuando oímos que se acercaba su auto. Nuestro vecino lo supo al instante. Sonrió, se tapó los ojos con las manos como hacen los hombres cuando no quieren que sus esposas vean que tienen agua en los ojos, y después miró hacia nuestro lado. Simplemente saludamos desde la ventana y seguimos con nuestra tarde.

PARA PENSAR

Primera de Pedro 3:10-11 nos dice que *"busquemos la paz"* pero, ¿qué significa eso realmente? Creo que puede estar directamente relacionado con otro versículo, Romanos 12:18, que dice: *"Si es posible, en cuanto dependa de vosotros, estad en paz con todos los hombres"*.

Ese día, y muchos otros como ese que experimentamos al vivir al lado de estos vecinos en particular, fue un acto de paz. Esta vez, al menos, lo hicimos bien. En cuanto dependía de nosotros, seguíamos o vivíamos en paz con los que nos rodeaban, simplemente haciendo lo que pudiéramos hacer. Cortar el césped de nuestro vecino no era la gran cosa para nosotros, pero sí lo era para él.

Más adelante en ese mismo año, Virginia sufrió una de las tormentas de nieve más fuertes de la historia reciente. Cayeron casi cincuenta y seis centímetros de nieve, que en ese entonces era más que la altura de mi hijo pequeño. Mi esposo estaba "fuera de servicio", aún con muletas tras la primera de dos cirugías de rodilla. La nieve caía rápidamente y se acumulaba más rápido de lo que yo podía lidiar con ella. Los muchachos también intentaron ayudar, pero aún eran muy pequeños y era un trabajo muy cansado. Un par de horas después de nuestro primer intento, escuché ruidos afuera. Cuando abrí la puerta para investigar, nuestro vecino me miró mientras con una pala quitaba la nieve de nuestra entrada para el auto, me sonrió y dijo: "Ame a su prójimo". Me dijo lo mismo cada vez que hizo eso por nosotros aquella tarde mientras la tormenta continuaba sin cesar. De hecho, no solo mantuvo nuestra entrada mayormente limpia, sino que también cavó una zanja entre nuestras casas para que pudiéramos ir a jugar a las cartas allí. Llevó a mi esposo sobre su espalda mientras yo marchaba detrás de ellos llevando las muletas.

Buscar la paz no significa que tengamos que estar involucrados en tratados ni resolución de conflictos, respondiendo ante el caos. Creo que buscar la paz simplemente significa que el pueblo de Dios debería ser el que actúa en paz de forma intencional, sin que se lo pidan, buscando formas de servir a otros para que puedan ver a Jesús viviendo en nosotros y a través de nosotros.

MÁS VERSÍCULOS PARA ESTUDIAR U ORAR

Salmos 34:14; Romanos 12:17-18

VERSÍCULO DEL DÍA

Porque: El que quiere amar la vida Y ver días buenos, Refrene su lengua de mal, Y sus labios no hablen engaño; Apártese del mal, y haga el bien; Busque la paz, y sígala.
—1 Pedro 3:10-11

ORACIÓN

Padre, ayúdame a ver formas en las que pueda seguir la paz de modo intencional, para servir mejor a aquellos que me has dado para influenciar y enseñarles cómo es seguir a Cristo. En el nombre de Jesús, amén.

PIENSA

ORA

ALABA

PENDIENTES

LISTA DE ORACIÓN

PREGUNTAS PARA UNA REFLEXIÓN MÁS PROFUNDA

1. Observa de cerca lo que sale de tu corazón. ¿Promueve la paz? ¿O promueve otra cosa?

_____

_____

_____

2. Si tu respuesta a la primera pregunta se quedó corta (¡a mí me pasó!), dale permiso a Dios para que te enseñe la verdad y haga tu corazón más parecido al suyo.

_____

_____

_____

Día 7

SIEMPRE, EN TODA MANERA

LECTURA: 2 TESALONICENSES 3

*Y el mismo Señor de paz os dé **siempre** paz **en toda manera**. El Señor sea con todos vosotros.*

—2 Tesalonicenses 3:16

A veces es más fácil encontrar paz en las cosas grandes y transformadoras que en las cosas del día a día. Emociones dolorosas a menudo llegan sin aviso y alteran nuestro modo de vivir. No las pedimos, pueden detonarse con cosas aleatorias, y la mayoría de nosotras preferiría cerrarles la puerta en la cara y llamarle a eso paz. A menudo aparecen en las partes pequeñas de nuestras vidas: las grietas y los rincones que pensábamos que habíamos limpiado, pero de alguna manera se vuelven a ensuciar.

Siendo alguien con experiencia en la consejería, sé que negar sentimientos difíciles y que te roban la paz no es necesariamente la respuesta. A veces necesitamos permitirnos a nosotras mismas realmente *sentir lo que estamos sintiendo*, por así decirlo, para que nuestra mente, nuestro corazón, e incluso nuestro cuerpo físico puedan sanar. La mayor parte del tiempo los sentimientos que regresan son los que no han sido tratados, o al menos no completamente.

Y pueden ser astutos.

Tras una discusión fuerte hace algunos años, mi hijo mayor me miró y me dijo: "Mamá, creo que no estás verdaderamente enojada por lo que estábamos discutiendo. Creo que estás enojada por otra cosa, y nuestro desacuerdo fue la gota que colmó el vaso". Tenía razón. Algo me había dañado a lo largo del día, y aún lo estaba cargando en la noche. Como no lo había reconocido, permití que mis emociones sobre un tema completamente diferente interfirieran en la relación con mi hijo.

Me doy cuenta de que somos humanos... personas emocionales... y no estoy intentando decir que todas las emociones son malas. Dios nos las dio. Solo estoy diciendo que, a veces, nuestras emociones nos traicionan completamente y amenazan con robarnos la paz. De hecho, me atrevería a decir que un alto porcentaje de estrés en nuestras relaciones y experiencias a lo largo de nuestros días tiene poco que ver con los sucesos estresantes, y mucho que ver con la forma en que nuestras experiencias pasadas, o sentimientos no sanados relacionados con esas experiencias, nos hacen interpretarlas.

Como creyentes, podemos hacer algo al respecto para que la oferta que Dios nos da en 2 Tesalonicenses 3:16 sea cierta. Realmente podemos tener *"paz siempre en toda manera"*, y la mejor manera de empezar es simplemente pedirle a Dios que nos lo muestre cuando estemos actuando desde una posición de dolor o frustración, y no enojarnos con nuestros hijos adolescentes cuando lo señalen. Darse cuenta es la mitad de la batalla.

Según mi experiencia, Dios es bueno y compasivo. Solo nos confronta con lo que sabe que podemos afrontar juntos en ese momento. La sanidad a menudo se produce por capas a lo largo del tiempo. El refrán que dice: "el tiempo sana todas las heridas" realmente tiene algo de verdad, pero en ese proceso hay incluso más poder para el cristiano que sabe qué hacer con las emociones indeseadas cuando asoman sus feas cabezas y tratan de robar nuestra paz.

Como la mayoría de las personas, yo aún cargo con viejas heridas, pero la diferencia entre la Brooke que puedas ver hoy y la Brooke de hace diez años atrás, es que sé qué hacer con esas heridas cuando aparecen. Mi oración para mí misma es que algún día actúe desde un lugar de paz en lugar de tener que trabajar para llegar a eso. La clave para entender esto no es esperar victoria inmediata, sino saber que ese tipo de paz existe y estar dispuestas a trabajar para vivir en ella.

PARA PENSAR

Segunda de Tesalonicenses 3:16 nos dice dos datos importantes sobre la paz.

Dios es el Señor de la paz. Le pertenece. Es suya.

Nos da *"paz siempre en toda manera"*.

En primer lugar, si la paz le pertenece a Dios, eso significa que puede darla del modo que Él prefiera. A veces desearía que Dios hubiera hecho muchas cosas de manera diferente, pero solo deseo eso porque no puedo ver el cuadro completo, y no pienso de la misma manera que Dios. Si lo hiciera, seguramente estaría de acuerdo con sus métodos. Por ahora solo tengo que confiar en ellos, y eso significa entregarme a los tiempos de Dios para sanar.

En segundo lugar, Dios nos da *"paz siempre en toda manera"*. ¿Qué otra cosa podría significar aparte de lo evidente? En mi simple entendimiento, literalmente significa que, pase lo que nos pase, al margen de cuando las emociones indeseadas regresan y lo revuelven todo, Dios ha abierto un camino para que tengamos paz en ese momento. Siempre. En toda manera. Sin excluir nada. Pero, ¿cómo?

Tomando, usando, y haciendo que crezca el regalo de la paz que Jesús murió nos dio al momento de morir. Ya está ahí. Está hecho. Es nuestro como creyentes en Jesús. Él murió, resucitó, y ahora está sentado a la diestra de Dios Padre. Está terminado, por así decirlo. Pase lo que pase, la paz es nuestra, pero tenemos que escoger tomarla para poder superar esas emociones pesadas que desearíamos que se fueran.

Este es el trato: para vivir una vida llena del regalo de la paz y del resto de regalos que son nuestros en Cristo hace falta ser intencional. Requiere elección y tiempo; a veces, requiere años hasta poder vivirlos plenamente. Puede que no sea un proceso que domines de un día para otro. Puede que incluso sea molesto intentarlo porque requiere control y un deseo de cambiar, pero valdrá la pena. Según vayas creciendo en paz, lo verás.

MÁS VERSÍCULOS PARA ESTUDIAR U ORAR

Romanos 15:13; Filipenses 4:7

VERSÍCULO DEL DÍA

Y el mismo Señor de paz os dé siempre paz en toda manera. El Señor sea con todos vosotros.   —2 Tesalonicenses 3:16

ORACIÓN

Padre, tú eres mi paz. Eres el Señor de la paz, y me has dado acceso a tu paz en cualquier momento que lo necesite. La necesito, Señor. Dame la habilidad de escoger la paz sobre cualquier otra cosa porque te glorifica. En el nombre de Jesús, amén.

PIENSA

ORA

ALABA

PENDIENTES   LISTA DE ORACIÓN

PREGUNTAS PARA UNA REFLEXIÓN MÁS PROFUNDA

1. ¿Cuándo fue la última vez que le pediste a Dios que te diera paz en la mañana? ¿A mitad del día? ¿Después de la cena? ¿Mientras sales a dar un paseo? Tendemos a pedirla una vez y después olvidarnos, pero es importante recordar que nuestro Dios es paz y quiere ser nuestra paz en todo momento.

2. Si tuvieras que explicarle a un nuevo cristiano lo que significa que "Dios es nuestra paz", ¿qué dirías?

_____

_____

_____

Nota: Algunas experiencias traumáticas sobrepasan lo que abarca este breve devocional, y aunque creo que la Palabra de Dios habla a toda forma de dolencia emocional, física o espiritual, si tu circunstancia es más que simplemente las heridas del día a día que la mayoría de las personas experimentan, te insto a buscar consejería bíblica para que puedas obtener la sanidad que sé que Dios quiere que tengas en Él. Con mucho amor y oraciones por tu sanidad.   —Brooke

Día 8

ESTABLECE QUIÉN ESTÁ EN CONTROL

LECTURA: SALMOS 4

En paz me acostaré, y asimismo dormiré; porque solo tú,
Jehová, me haces vivir confiado.

—Salmos 4:8

Me agaché en la esquina del cuarto, segura de que alguien me iba a atacar en cualquier momento. Estaba literalmente agachada en la esquina, con las manos sobre la cabeza, y lo único que podía escuchar era la voz del enemigo diciendo: "Nunca ganarás. Eres débil. No puedes controlarlo. Dios no te protegerá".

De niña siempre luché con el miedo a la oscuridad. Dormí con una luz prendida de noche hasta mucho más tarde que la edad a la que la mayoría de los niños ya no la usan. De hecho, a veces dormía con todas las luces encendidas. Decidí en la universidad que las películas de miedo no eran para mí (no he visto ninguna desde 1996), pero el miedo a lo que pudiera pasarme en la oscuridad me persiguió incluso hasta en mi matrimonio.

En esta ocasión en particular, alguien había intentado entrar en la casa donde estaba viviendo sola, esperando a que a mi esposo le concedieran un traslado en el trabajo para que pudiéramos comprar nuestra primera casa juntos. Había regresado al día siguiente para recoger mis cosas, y sentí una pesadez inmediata. De algún modo reuní fuerzas suficientes para entrar por la puerta, pero cuando caminé por el pasillo, una puerta estaba cerrada y yo sabía que la había dejado abierta... al menos de verdad pensaba que lo había hecho. Cuando lo vi, corrí al cuarto y me agaché en una esquina mientras dardos de fuego me atacaban.

No sé por qué no corrí afuera hasta mi auto y me fui. Tampoco sé con certeza si alguien estuvo allí desde que me fui la noche anterior. Lo que sí sé es que mi miedo a la oscuridad, que siempre tuve, llegó a su cima ese día y supe que tenía que tomar una decisión.

Salmos 4:8 es uno de los muchos versículos que me ayudaron a tomar esa decisión, y estoy contenta de anunciar que ahora, más de veinte años después, no lucho con ese mismo miedo de la forma en que solía hacerlo. A veces intenta volver y morder, pero la mayoría de veces lo venzo. No he vuelto a agacharme en un rincón permitiendo que la voz del enemigo me haga daño otra vez. No tiene autoridad sobre mí si yo no se la doy.

No es que *yo* esté necesariamente en control, pero sirvo a Aquel que sí lo está.

PARA PENSAR

La raíz de mi problema personal con el miedo era la falta de confianza en la bondad de Dios. Pensaba que el único modo en que Dios podía ser bueno era si me mantenía a salvo. Como parte de mi sanidad, tuve que preguntarme si seguiría pensando que Dios es bueno incluso si mis mayores temores se hicieran realidad. Me tomó mucho tiempo llegar a una respuesta, pero cuando lo hice fui libre. Durante ese tiempo, memoricé y repetí Salmos 4:8 una y otra vez. Lo tenía enmarcado al lado de mi cama para que fuera lo último que viera en la noche cuando las luces se apagaban. Estaba escrito en notas adhesivas y puesto estratégicamente en diferentes lugares de mi apartamento, y era en lo que mi mente trabajaba e intentaba creer desesperadamente cuando me dormía.

La verdad era que podía cerrar puertas, bajar persianas, encender la alarma, o incluso crear una barricada para llegar a mi cuarto, lo cual hice una vez, pero nada podía evitar que el mal me encontrara. Encontré fuerzas al creer y orar la verdad: solo Dios me daba protección, y nada podía llegar hasta mí sin antes pasar por Él. Me vi reflejada en la historia de Job en el Antiguo Testamento, por muy horrible que fuera, y sabía que Dios necesitaba que entendiera esta verdad tan importante. Solo entonces podría tener paz.

La libertad del miedo y saber cómo ser libre del miedo me ha servido para mucho más que solo mi problema con la oscuridad. Se aplica fácilmente al miedo al hombre, miedo al fracaso financiero, miedo al costo de obedecer, miedo a perder a mis hijos, y cualquier otro tipo de miedo que puedas imaginar. La respuesta nunca es lo que puedo hacer para cuidarme; siempre es confiar en Dios para que me mantenga a salvo dentro de su voluntad.

MÁS VERSÍCULOS PARA ESTUDIAR U ORAR
Isaías 26:3; Romanos 12:18

VERSÍCULO DEL DÍA

En paz me acostaré, y asimismo dormiré; porque solo tú, Jehová, me haces vivir confiado. —Salmos 4:8

ORACIÓN

Padre, solo tú nos cuidas a mí y a mi familia. No hay cantidad de cuidado que pueda protegerme mejor que tú. Haz que mis seres queridos y yo vivamos seguros. En el nombre de Jesús, amén.

PIENSA

ORA

_____

_____

_____

ALABA

_____

_____

PENDIENTES   LISTA DE ORACIÓN

_____   _____

_____   _____

_____   _____

PREGUNTAS PARA UNA REFLEXIÓN
MÁS PROFUNDA

1. ¿Alguna vez has tenido miedo a la oscuridad? ¿Tienes un hijo que tenga miedo a estar solo en la noche? Visualiza por un momento cómo es esa sensación y cómo peleaste contra ella en el pasado.

_____

_____

_____

2. Lo único que vence al temor es la confianza absoluta en la bondad de Dios. ¿Qué más podríamos pedir para que nos dé paz?

_____

_____

_____

Día 9

TENER UNA MENTE ENFOCADA

LECTURA: ISAIAS 26

*Tú guardarás en completa paz a aquel cuyo pensamiento en
ti persevera; porque en ti ha confiado.*

—Isaías 26:3

¿Te saltaste el día 8 por alguna razón? Espero que no, porque
su mensaje establece bien los cimientos para el devocional de hoy.
Si no lo has leído aún, vuelve atrás y soluciona eso. Es importante,
porque repetirme las verdades de las Escrituras a mí misma una
y otra vez mientras estaba tumbada en la cama con miedo, fue mi
primer intento real por tener una mente *enfocada*.

Había crecido escuchando un himno antiguo que incluía esta
estrofa:

*Fija tus ojos en Cristo,
Tan lleno de gracia y amor,
Y lo terrenal sin valor será,
A la luz del glorioso Señor.*[3]

Me sabía la letra de memoria, pero nunca había tenido la oportunidad de ponerla en práctica hasta el día en el que alguien entró
a la casa donde estaba viviendo (en serio, si te has saltado el día 8,

---

3. Helen Howarth Lemmel, "The Heavenly Vision", *Glad Songs* (London: National Sunday
School Union, 1922).

¡vuelve atrás y léelo!). En su bondad, Dios me permitió ver las consecuencias de apartar mis ojos de Él.

En Mateo 14:24-32 los discípulos estaban en una de sus barcas lejos de tierra, y Jesús llegó hasta ellos caminando sobre las aguas agitadas del Mar de Galilea. Después de que Jesús les aseguró que no era un fantasma, Pedro dijo: "*Señor, si eres tú, manda que yo vaya a ti sobre las aguas*" (versículo 28). Jesús le dijo que saliera de la barca, y Pedro "*andaba sobre las aguas para ir a Jesús*" (versículo 29). Pero, entonces, quitó sus ojos del Maestro. Al fijarse en el viento y las olas, Pedro comenzó a hundirse.

Los primeros pasos de Pedro estaban llenos de seguridad y confianza, pero entonces empezó a observar lo que estaba ocurriendo a su alrededor. Como muchas de nosotras, Pedro apartó sus ojos de Jesús y las fijó en las cosas del mundo. Inmediatamente tuvo miedo; y carente de confianza, perdió su paz.

Para mí, el camino de vencer mis miedos fue un proceso de confiar en que Dios es bueno pase lo que pase en mi vida. ¿No se asemeja perfectamente a Isaías 26:3? La razón por la que podemos tener perfecta paz al mirar a Jesús, manteniendo nuestras mentes "*enfocadas*" en Él, es porque vemos claramente cuán confiable es Él verdaderamente.

PARA PENSAR

Tener una mente "*enfocada*" en nuestro Salvador simplemente significa controlar nuestros pensamientos y nuestra atención para estar centradas en la verdad (el carácter de Dios, su cuidado por nosotras y su perdón, amor, compasión y provisión) en lugar de estar centradas en nuestras circunstancias. *Fija tus ojos en Cristo, tan lleno de gracia y amor.* Una vez escuché decir a un pastor: "Mira a tus problemas. Contempla a Jesús". Estaba al cien por ciento en lo correcto.

Jesús dejó claro lo que pasaría después de que Él ascendiera al cielo. Tendremos problemas mientras estemos en esta tierra (ver Juan 16:33). Es una promesa. Nuestras circunstancias aparentemente se descontrolarán, nuestros hijos pecarán, nuestros amigos nos abandonarán, y nuestros planes más meticulosos se derrumbarán. Además, seremos perseguidas por seguir a Jesús. No es fácil, pero con nuestras mentes enfocadas en Jesús, mientras reconocemos los problemas de la vida, podemos escoger creer lo que Dios dice, por encima de lo que podemos ver.

¿Las finanzas en ruinas? Dios puede abrir un camino.

¿Hijos apartados de la fe? Dios puede abrir un camino.

¿Problemas matrimoniales? Dios puede abrir un camino.

¿Relaciones rotas? Dios se especializa en tomar lo roto y hacerlo hermoso.

Él es el restaurador, el proveedor, el sustentador, el sanador, el perdonador, el amoroso, el dador; y la lista podría seguir. Cuando pasas tu tiempo pensando intencionalmente en la gran bondad de Dios, ¿qué queda para preocuparse?

MÁS VERSÍCULOS PARA ESTUDIAR U ORAR

Éxodo 14:14; Salmos 122:7

VERSÍCULO DEL DÍA

Tú guardarás en completa paz a aquel cuyo pensamiento en ti persevera; porque en ti ha confiado. —Isaías 26:3

ORACIÓN

Padre, hay muchas cosas luchando por mi atención. Cosas buenas, cosas que valen la pena, cosas grandes, cosas que me asustan, cosas que tengo que hacer, y cosas que me gustaría evitar. De alguna manera, en medio de todo eso, ayúdame a mantener mi mente enfocada en ti. En el nombre de Jesús, amén.

PIENSA

_____

_____

_____

ORA

_____

_____

_____

ALABA

_____

_____

_____

PENDIENTES   LISTA DE ORACIÓN

PREGUNTAS PARA UNA REFLEXIÓN MÁS PROFUNDA

1. Haz una lista de todas las cosas que apartan tus ojos de Jesús. Pueden ser facturas, problemas con tus hijos, problemas importantes en tus relaciones, en tu trabajo, o problemas de salud. O simplemente pueden ser distracciones, como deportes, series de televisión, redes sociales o tareas.

2. Ahora haz una segunda lista. Para cada elemento de la primera lista escribe un rasgo del carácter de Dios que pienses que pueda solucionarlo, o que es mejor que la peor distracción.

Día 10

QUE GOBIERNE LA PAZ

LECTURA: COLOSENSES 3

Que gobierne en sus corazones la paz de Cristo,
a la cual fueron llamados en un solo cuerpo.
Y sean agradecidos.
—Colosenses 3:15 NVI

El verano en el que mi hijo jugaba en una liga juvenil de béisbol itinerante (la 13U), batalló con su lanzamiento. En el otoño de ese mismo año, al inicio de la temporada de viajes, su entrenador le dio un premio por ser uno de los lanzadores mejores y más constantes del equipo. Su orgullosa mamá incluso había publicado en las redes sociales la primera vez que lanzó un *shutout*... y tal vez, solo tal vez, era un poco embarazoso debido a su orgullo y emoción por él.

Sin embargo, algo ocurrió entre el otoño y la primavera.

A lo largo de su progresión en edad, los jugadores de béisbol saben que el tamaño del campo y la distancia entre las bases aumentan, hasta que alcanzan el mismo tamaño que los campos donde juegan los jugadores de las ligas mayores: veintisiete metros entre cada base y metro y medio desde el lugar del lanzador al *home plate*. Durante el otoño del año del 13U, los lanzadores pasan de una distancia de quince metros a una de dieciséis metros y se quedan ahí hasta la primavera. Después, el lugar del lanzador retrocede casi otros dos metros y se queda a dieciocho metros hasta que dejan de jugar béisbol. Jugar unos meses a dieciséis metros se supone que ayuda a que el salto a dieciocho metros no sea tan imponente, y da tiempo a los lanzadores a fortalecer su brazo y crecer. A dieciséis metros, mi hijo dominaba ese lugar. A dieciocho, se derrumbó. Tras un par de torneos en los que claramente mi hijo batalló incluso para lanzar un *strike*, lo llevé a una sesión de lanzamiento de emergencia con su entrenador. Dije: "Drew, está quebrado. Ayúdalo". Drew vio a mi hijo lanzar un par de veces desde el montículo en sus instalaciones, y después procedió a analizar exactamente lo que mi hijo estaba haciendo mal.

Mis hijos son de madurez tardía. Aunque ambos pesaron un poco más de cuatro kilos al nacer, pasó mucho tiempo hasta que alcanzaron a sus compañeros en cuanto al crecimiento después de los diez años. Por lo tanto, mientras la mayoría de los lanzadores crecían entre el otoño y la primavera de su año 13U, mi hijo no lo hizo. Y, para compensar los dos metros extra de distancia desde los que tenía que lanzar la bola, estaba empujando desde el lugar equivocado de su cuerpo, concentrando toda la fuerza que tenía para conseguir que la bola cruzara el *home plate* a cualquier tipo de velocidad. Parecía que eso funcionaría, pero en realidad estaba dejando que una mala mecánica gobernara su lanzamiento de la bola, causando que lanzara bolas malas constantemente en lugar de *strikes*.

Drew le quitó la bola de las manos, lo colocó en la posición correcta, y le enseñó cómo moverla para alcanzar la mayor potencia. Después dijo algo que nunca olvidaré: "Ahora, solo deja que la bola cruce el *home plate*".

Solo déjalo.

PARA PENSAR

Colosenses 3:15 dice: "***Permitan** que la paz de Cristo controle siempre su manera de pensar, pues Cristo los ha llamado a formar un* *solo cuerpo para que haya paz; y den gracias a Dios siempre"*. La palabra *"permitan"* en este versículo me confirma que podemos tener la paz de Cristo si somos seguidoras de Jesús. Dios ya ha hecho que esté disponible. Solo tenemos que permitir que haga el trabajo en nuestros corazones . Con Drew como su guía, mi hijo tenía todas las herramientas para "dejar que la bola cruce el *home plate*" en el punto ideal para lanzar un *strike*.

Dios, como nuestro guía, ha hecho que su paz esté disponible para nosotras a través de su Hijo. Nuestro trabajo es dejar que esa paz gobierne en nuestros corazones en vez de otras cosas que están diseñadas para robarla. Quizá necesitemos corrección. A veces, seremos tentadas a conseguir la paz de la manera equivocada y colocarnos mal, pero la paz que Dios nos ofrece nunca se va. Siempre nos dará exactamente lo que necesitemos para vivir esta vida.

Si le dejamos.

MÁS VERSÍCULOS PARA ESTUDIAR U ORAR

Romanos 8:6; Romanos 12:18

VERSÍCULO DEL DÍA

Que gobierne en sus corazones la paz de Cristo, a la cual fueron llamados en un solo cuerpo. Y sean agradecidos.
—Colosenses 3:15 NVI

ORACIÓN

Padre, gracias por todas las cosas que ya has provisto para aquellos que son llamados conforme a tu nombre. Hay muchas cosas disponibles para nosotras que no tomamos. Ayúdanos a ver tus regalos y hacerlos nuestros. Permite que gobiernen en nuestros corazones y nos den paz. En el nombre de Jesús, amén.

PIENSA

_____

_____

_____

ORA

_____

_____

_____

ALABA

_____

_____

_____

PENDIENTES   LISTA DE ORACIÓN

_____   _____

_____   _____

_____   _____

PREGUNTAS PARA UNA REFLEXIÓN MÁS PROFUNDA

1. ¿Alguna vez has considerado la idea de que no estás aprovechando ciertos regalos, como la paz, que Dios tiene disponibles para ti?

_____

_____

_____

2. Sé práctica. Escoge una circunstancia difícil que atravesaste a lo largo de la semana y describe cómo hubiera sido *"permitir que la paz de Cristo gobierne"* en tu corazón en lugar de lo que realmente gobernó.

_____

_____

_____

Día 11

LLENA HASTA REBOSAR

LECTURA: JUDAS 1

*Judas, siervo de Jesucristo, y hermano de Jacobo,
a los llamados, santificados en Dios Padre, y **guardados** en
Jesucristo: Misericordia y paz y amor os sean multiplicados.*

—Judas 1:1-2

La carta de Judas es una breve llamada a la acción para los creyentes en Cristo. Es tan corta, que a veces se pasa por alto por completo. Sinceramente, no recuerdo escuchar un sermón expositivo sobre el libro de Judas o escuchar a un predicador enseñar sobre él, versículo por versículo. He oído pedazos y fragmentos incluidos en sermones más grandes como versículos de apoyo, pero nunca nada sobre el libro como tal. Por lo tanto, mientras preparaba lo que te iba a escribir sobre los dos primeros versículos, decidí releer y estudiar el libro completo.

El libro completo tiene poco más de seiscientas palabras y ocupa una página en mi Biblia. No a doble cara, solo por delante. Es breve y dulce, pero está lleno de información útil e importante para el creyente. Recomiendo mucho que lo leas completo y lo estudies hoy si tienes tiempo. Para este devocional de hoy, vamos a centrarnos en los versículos uno y dos, y principalmente en una palabra: *"guardados"*, o como dice la Nueva Traducción Viviente: "quien los ama y los protege".

Proteger algo significa guardar, vigilar, preservar o mantener. Una de las principales discusiones que tenemos en nuestra casa se produce cuando nuestros dos hijos adolescentes no encuentran el equipo que necesitan para un torneo de béisbol. El béisbol requiere muchas partes y piezas individuales, incluyendo guantes, bates, botas, suspensorios, gorras, calcetines de uniforme, camisetas de compresión, pantalones deslizantes, y la combinación correcta de pantalón y camiseta del uniforme. Si resulta que eres receptor, añade otras cinco piezas de equipo a esa lista (por suerte, ¡mis hijos no son receptores!).

Durante años, mi esposo ha intentado ayudar a nuestros hijos a aprender a guardar todo en el mismo lugar para que siempre sepan dónde están las cosas. Incluso reservamos un tiempo los viernes en la noche, antes de un torneo de sábado, para reunir todos los elementos necesarios y dejarlos en la mesa de la cocina. Sin embargo, casi todos los sábados *muy* temprano en la mañana nos falta algo. No hay nada peor que despertar antes del amanecer un sábado y correr de acá para allá como gente loca buscando un suspensorio perdido, en lugar de dormir. Solo digo que esa parte del cuerpo tiene que estar protegida si algún día quiero nietos, así que no nos vamos de casa sin ella.

Intentamos enseñar a nuestros hijos a guardar, mantener y cuidar las cosas que necesitan y que les importan, incluso si esas cosas se pueden encontrar en un rincón oscuro o debajo de su cama, pero nuestros esfuerzos no sirven la mayoría de los fines de semana.

Eso no pasa con Dios.

PARA PENSAR

Según el *Comentario Bíblico Wiersbe*, guardar o proteger significa vigilar de cerca o preservar algo. Por lo tanto, estos versículos de Judas nos dicen que no solo somos apartadas para los propósitos de Dios, llamadas por el evangelio para confiar en Jesús para salvación y amadas por el Padre, sino que también somos *guardadas* por Dios para su propia gloria. Como escribió Warren W. Wiersbe: "Él es capaz de preservarnos en nuestro caminar diario y guardarnos de caer".[4]

No sé tú, pero yo me parezco más a mis hijos de lo que me gustaría admitir, especialmente ante ellos. Tropiezo muchas veces y necesito ser protegida. El conocimiento de que Dios puede hacer eso, y lo hará, a pesar de mi incapacidad y debilidad, me llena de esperanza y consuelo.

Como somos hijas de Dios (llamadas, amadas y guardadas), somos las receptoras de su misericordia, paz y amor no solo en el momento de la salvación, sino por siempre. Podemos contar con ser guardadas y recibir misericordia, paz y amor porque sabemos que Dios se glorifica a sí mismo.

MÁS VERSÍCULOS PARA ESTUDIAR U ORAR

2 Corintios 13:11; 1 Tesalonicenses 5:13

VERSÍCULO DEL DÍA

Judas, siervo de Jesucristo, y hermano de Jacobo, a los llamados, santificados en Dios Padre, y guardados en Jesucristo: Misericordia y paz y amor os sean multiplicados.

—Judas 1:1-2

ORACIÓN

Padre, gracias por guardarme. Sé que no sería capaz de permanecer yo sola. Hay mucho pecado aún en mi corazón, y tiende a apartarse de ti. El conocimiento de que tú

---

4. Warren W. Wiersbe, *The Wiersbe Bible Commentary* (Colorado Springs, CO: David C. Cook, 2007), p. 1023.

me preservarás, que tú me protegerás y me guardarás de tropezar, me produce paz. En el nombre de Jesús, amén.

PIENSA

_____

_____

_____

ORA

_____

_____

_____

ALABA

_____

_____

_____

PENDIENTES

_____

_____

_____

LISTA DE ORACIÓN

_____

_____

_____

PREGUNTAS PARA UNA REFLEXIÓN MÁS PROFUNDA

1. Define las palabras *misericordia, paz* y *amor* según los estándares bíblicos. Usa un diccionario bíblico si lo necesitas.

_____

_____

_____

2. ¿Cómo te hace sentir el hecho de saber que Dios está comprometido a guardar a ti y a tu familia porque hacerlo le da gloria a Él?

_____

_____

_____

3. ¿Habrá alguna vez que Dios no se glorifique?

_____

_____

_____

Día 12

LA SIEMBRA Y LA COSECHA

LECTURA: SANTIAGO 3

Y el fruto de justicia se siembra en paz
para aquellos que hacen la paz.
—Santiago 3:18

Una buena amiga mía está separada de su familia. Todos los años en Navidad les envía una invitación para que acudan a su casa a celebrar… y ningún año aparecen. La Navidad es una época de paz. Está escrito por todas partes. Desde señales en la carretera a canciones en la radio, la frase "Paz en la tierra" abunda y nos hace esperar algo que aún no hemos conseguido encontrar. Eso le pasa a mi amiga. Si hay algún momento donde pueda tener esperanzas de tener paz en su familia, es en Navidad. Así que los invita, y ellos no acuden.

Una vez le pregunté por qué los sigue invitando, y su respuesta me recordó el principio de la siembra y la cosecha que vemos a lo largo de las Escrituras. Lo que siembras, cosechas… por lo general. En su caso, ofrecer paz a su familia, incluso cuando sabe que quizá la rechacen, es su parte del trabajo. Su puerta está abierta y la oferta de la paz está sobre la mesa. Ella siembra y espera que algún día cosechará. Quizá será la próxima Navidad, y quizá no lo será. Tal vez cada año está plantando una semilla de paz que crecerá hasta que los corazones de su familia se abran a la reconciliación y el perdón. Ella ora por eso, pero si nunca llega a pasar, puede descansar sabiendo que ha sembrado en fe y cuidado en oración. El resto está en manos de Dios.

La sabiduría verdadera, la sabiduría de Dios, comienza con una vida santa y se caracteriza por llevarse bien con los demás. Es amable y razonable, desbordante de misericordia y bendiciones; no es caliente un día y fría al siguiente, ni tiene dos caras. Pueden desarrollar una comunidad sana y robusta que vive en paz con Dios y disfrutar de sus resultados solo si hacen el trabajo duro de llevarse bien unos con otros, tratándose con dignidad y honor.

—Santiago 3:17-18 (MSG, traducción libre)

La verdad es que habrá gente con la que no podamos llevarnos bien, al menos durante más de lo que dura una cena de Navidad, pero eso no significa que no los invitemos a cenar en Navidad y plantemos una semilla de paz. Habrá relaciones en nuestras vidas que darán fruto solo si nosotras hacemos el trabajo duro de llevarnos bien, al menos intentar tratarnos *"con dignidad y honor"*. Así funciona, porque somos pecadores. Habrá heridas que nos harán querer hacer daño como venganza, pero la Palabra de Dios es clara al decir que tenemos que *hacer* la paz como respuesta. ¿Qué significa eso?

PARA PENSAR

Tenemos un jardín grande en la parte trasera de nuestra propiedad en la parte rural del suroeste de Virginia. Todas las primaveras y veranos, mi esposo y su papá trabajan para preparar la tierra, ablandarla, plantar las semillas, cuidarlas y protegerlas; y después, si Dios quiere, cosechar el fruto de su labor. Pasan horas y horas cada año creando algo especial sobre lo que todos los de la comunidad comentan.

Mi suegro es el que ideó este esfuerzo, ya que tiene una vida entera de experiencia en términos de hacer crecer cosas. Mi esposo está aprendiendo. Es el trabajador quejica por ahora, pero a lo largo de los años ha aprendido lecciones de su padre y continuará haciéndolo hasta que plante un jardín él solo. Pero, sin las quejas al trabajar, sin el conocimiento de la tierra y las horas de sudor que ambos invierten, no habría fruto.

Obtenemos aquello en lo que invertimos. La teoría es fácil, pero la práctica en pocas ocasiones lo es. Pero incluso si nos cuesta la vida entera, vale la pena el esfuerzo cuando podemos probar la bondad de Dios en lo que se produce.

MÁS VERSÍCULOS PARA ESTUDIAR U ORAR

Isaías 54:13; Marcos 9:50

VERSÍCULO DEL DÍA

Y el fruto de justicia se siembra en paz para aquellos que hacen la paz. —Santiago 3:18

ORACIÓN

Padre, danos el deseo de hacer lo correcto incluso si no nos devuelven el favor, aviva nuestro espíritu para sembrar semillas de paz en los lugares oscuros y afligidos de nuestras vidas. Con el tiempo, Señor, oramos que tú harás crecer esas semillas, producirás frutos que glorifiquen tu nombre, y producirás una cosecha de rectitud en tu pueblo. En el nombre de Jesús, amén.

PIENSA

ORA

ALABA

PENDIENTES

LISTA DE ORACIÓN

PREGUNTAS PARA UNA REFLEXIÓN MÁS PROFUNDA

1. Piensa en tus respuestas a las preguntas de reflexión del día 5. ¿*Llevas* la paz de Dios contigo dondequiera que vas? ¿Cómo podrías hacer esto más a menudo? ¿Qué tendría que cambiar?

2. ¿De qué manera podrías hacer o sembrar paz en una parte afligida de tu vida hoy?

Día 13

NO BAILES EN LA LÍNEA

LECTURA: SALMOS 34

Apártate del mal, y haz el bien; Busca la paz, y síguela.
—Salmos 34:14

A veces, como cristianas, hacemos las preguntas equivocadas. Cuando yo crecía, en pleno movimiento de la pureza, adolescentes y adultos a menudo preguntaban: "¿Hasta dónde es demasiado lejos?". Creo que genuinamente querían saber dónde estaba la línea para no ofender a Dios, pero esa pregunta también revelaba una incomprensión más profunda de lo que la Palabra de Dios dice sobre el pecado.

Imagina conmigo una línea dibujada en la arena. En un juego extraño en la playa, te piden que bailes lo más cerca de la línea que puedas sin cruzarla. Si puedes hacerlo, ganas un premio (y verdaderamente quieres ese premio), así que comienzas a bailar. Empieza a sonar la música, y al principio tu mirada está centrada en esa línea. A medida que tus pies se mueven al rimo de la música, la línea es lo único que puedes ver. Tu mente repite al ritmo de la canción: "No cruces la línea. No cruces la línea".

Pero, entonces, algo cambia. Lentamente, según vas bailando con más fuerza y por más tiempo, tu objetivo comienza a debilitarse, y la línea comienza a verse borrosa. Tus pasos son más grandes y más despreocupados. Sin darte cuenta, cruzas la línea sin querer. Fin del juego. Perdiste el premio.

Salmos 34:14 nos da una forma completamente diferente de ver la pregunta de la línea. No nos dice que bailemos lo más cerca de la línea del pecado que podamos sin cruzarla. No nos dice que bailemos con el mal e intentemos no quemarnos. Dice: *"Apártate del mal, y haz el bien"*. Dale la espalda a la línea y corre lo más rápido que puedas y lo más lejos que puedas de ella. Huye en la dirección opuesta.

"¿Hasta dónde es demasiado lejos?" es la pregunta errónea. La pregunta correcta sería: "¿A dónde quieres que vaya, Señor?".

Y no solo es sobre la pureza. Esta perspectiva se aplica erróneamente a cualquier pecado con el que estemos luchando. Mientras sigamos bailando lo más cerca posible de la línea, intentando no cruzarla, no tendremos paz.

PARA PENSAR

Cuando tenía unos veinte años, intentaba vencer un pecado concreto y fallaba continuamente. Recuerdo pensar y orar mucho sobre este proceso, hasta que por fin tuve que admitir que *quería* pecar. Ese era el verdadero problema. Constantemente me ponía en una situación donde tenía que enfrentar ese pecado porque *quería*. Más allá de eso, *amaba* mi pecado. Estaba corriendo hacia él, sintiéndome culpable por bailar tan cerca de la línea que la cruzaba.

No recuerdo qué versículo o pasaje estaba estudiando cuando me di cuenta de esto, pero sí recuerdo que estaba sentada en mi cama en la casa de mis padres cuando Dios me enseñó que la única forma en que realmente podía superar ese pecado, o cualquier otro pecado, era amando a Jesús más que a cualquier otra cosa. Y eso, amiga mía, es lo que significa correr en la dirección opuesta. Me arrepentí allí mismo en la cama de mi infancia y tomé los primeros pasos alejándome de la línea y yendo hacia los brazos de Jesús. No diré que todo fue perfecto desde entonces, pero a medida que aprendía a amar a Jesús, mi deseo por lo que Dios llama "malo" disminuía.

No se puede encontrar la paz al seguir el mal o incluso al bailar alrededor de él. Buscar la paz y seguirla significa correr hacia Cristo, conociéndolo más y amándolo más que a cualquier otra cosa.

Él es el premio.

MÁS VERSÍCULOS PARA ESTUDIAR U ORAR

Efesios 4:3; Colosenses 3:15

VERSÍCULO DEL DÍA

Apártate del mal, y haz el bien; Busca la paz, y síguela.
—Salmos 34:14

ORACIÓN

Padre, danos ojos para ver el mal en nuestras vidas. Danos la habilidad y el deseo de alejarnos del mal y acercarnos a ti, nuestra paz. En el nombre de Jesús, amén.

PIENSA

_____

_____

_____

ORA

_____

_____

_____

ALABA

_____

_____

_____

PENDIENTES   LISTA DE ORACIÓN

_____   _____

_____   _____

_____   _____

PREGUNTAS PARA UNA REFLEXIÓN MÁS PROFUNDA

1. ¿Qué significa _seguir_ la paz?

_____

_____

2. Lee la historia de Caín y Abel en Génesis 4:1-7. ¿Qué crees que significa que el pecado _"estaba a la puerta"_ de Caín? ¿Está a tu puerta? Según Génesis 4:7, ¿qué debes hacer al respecto?

_____

_____

_____

Día 14

EN CUANTO DEPENDA DE TI

LECTURA: HEBREOS 12

Seguid la paz con todos, y la santidad,
sin la cual nadie verá al Señor.
—Hebreos 12:14

Después de leer Hebreos 12:14, oré: "¿En serio, Señor? ¿Incluso después de tanto tiempo?".

Cuando tenía poco más de veinte años me distancié de una amiga a la que quería mucho. Se dijeron y se hicieron cosas de las que era complicado recuperarse... era complicado retirarlas. Ninguna de las dos hizo las cosas bien. Personalmente, sé que mi error fue el modo en que respondí a su error, pero aparte de eso había pecado por ambas partes, y una amistad que había durado toda una vida se derrumbó. Ahora, después de cinco años aproximadamente, me senté detrás de la pantalla de mi computadora sabiendo que tenía que contactarla.

¿Qué respondería?

¿Hablaría conmigo?

¿Leería mi correo, incluso?

Hizo todo eso y más. Sin embargo, básicamente dijo que no había razón para continuar nuestra amistad. Para ese entonces vivíamos a miles de kilómetros de distancia, y aunque agradeció mi correo y las disculpas por mi parte en esa amistad rota, no encontró sentido a mantenernos en contacto.

No había sido un correo fácil de redactar para mí, y su correo de respuesta definitivamente no era fácil de leer. Desearía que hubiera sido diferente. Desearía que hubiéramos tenido más tiempo para hablar sobre lo que sucedió y poder así reconciliarnos y sanar, pero una sola mano tendida no puede dar un apretón de manos. No recibí una invitación a su boda, aunque era local, y solo he hablado con ella a través de Facebook una vez o dos en los últimos veinte años. Podrías pensar que veinte años son suficientes para borrar algo del dolor y la culpa que siento por mis acciones, pero no es así. Aún desearía poder reconciliarnos plenamente. Pero quizá eso nunca ocurra.

PARA PENSAR

Una de las frustraciones principales sobre eso es que yo quiero arreglarlo, pero no puedo. No lo malinterpretes; no pienso en ello todos los días ni todos los meses; pero cuando pienso en esta amiga que perdí, lamento el hecho de que no puedo mejorar la situación yo sola. Algunas cosas en la vida simplemente son así. Por suerte, las Escrituras hablan sobre este tema y nos dan tranquilidad cuando lo enfrentamos.

El siguiente es un versículo complementario al de hoy:

*Si es posible, **en cuanto dependa de vosotros**, estad en paz con todos los hombres.* —Romanos 12:18

Cuando sentí la convicción de contactar con mi vieja amiga y pedir perdón, me estaba esforzando para estar en paz con ella en cuanto dependiera de mí. El problema es que la paz no siempre depende de mí. A pesar de eso, puedo tener paz *personal* sabiendo que hice todo lo que pude.

El resto depende de Dios.

MÁS VERSÍCULOS PARA ESTUDIAR U ORAR

Isaías 48:22; 2 Pedro 1:2

VERSÍCULO DEL DÍA

Seguid la paz con todos, y la santidad, sin la cual nadie verá al Señor. —Hebreos 12:14

ORACIÓN

Padre, gracias por la paz de saber que seguimos tu ejemplo, incluso si las cosas no resultaron perfectas. Por favor, continúa trabajando en nuestros corazones y nuestras relaciones para producir sanidad y reconciliación. En el nombre de Jesús, amén.

PIENSA

ORA

ALABA

PENDIENTES   LISTA DE ORACIÓN

PREGUNTAS PARA UNA REFLEXIÓN MÁS PROFUNDA

1. ¿Qué paso puedes dar para estar en paz con alguien con quien no has podido estar en paz en el pasado?

2. Incluso si no hay nada más que podamos hacer física-mente para hacer las paces con alguien, podemos orar por ellos, y orar también para que Dios se mueva en esa situación. Haz eso ahora con un área de tu vida donde no haya paz.

Día 15

CÓMO RECONOCER LA SABIDURÍA DE DIOS

LECTURA: SANTIAGO 3

Pero la sabiduría que es de lo alto es primeramente pura,
después pacífica, amable, benigna, llena de misericordia y de
buenos frutos, sin incertidumbre ni hipocresía.
—Santiago 3:17

¿Le he pedido a Dios sabiduría una vez? ¡Se la he pedido mil veces! En más de una ocasión he deseado una escritura en la pared o una voz audible que me diga lo que debo hacer. En mi corazón quiero obedecer a Dios. Quiero ir donde Él me lleve. Quiero tomar decisiones que lo reflejen bien a Él delante de las personas que me rodean, y quiero hacer las cosas a su manera. Por lo tanto, pido sabiduría. Pero en más de una ocasión he luchado por reconocer la sabiduría de Dios cuando llegó, cuestionando si estaba escuchando bien o si lo que escuché realmente era Dios.

¿Estoy escuchando a mi propio corazón? La Biblia dice que *"engañoso es el corazón más que todas las cosas"* (Jeremías 17:9). ¿O esta dirección que siento es realmente la mano de Dios moviéndose en mi vida? ¿Cómo lo diferencio? ¿Seré siempre capaz de *saber* verdaderamente que lo que siento es la dirección de Dios? A veces es difícil diferenciarlo.

Una vez trabajé para un hombre que se había mudado a Virginia desde Michigan. Antes, él había aplicado para varios empleos en el mismo sector y había recibido invitaciones de dos ministerios diferentes, en dos estados diferentes al mismo tiempo, exactamente para la misma posición. Mientras él y su esposa oraban acerca de qué empleo aceptar, ambos sintieron paz sobre *los dos* empleos. Me dijo que creían que el Señor había abierto las puertas a cualquiera de ellos, y que eran libres de ir donde quisieran.

Les tengo que decir algo, amigas: ¡eso abrió por completo mi mente veinteañera! Literalmente, nunca antes había experimentado nada parecido, y francamente no me gustaba. ¡No quiero que Dios me dé opciones! Quiero que me diga lo que tengo que hacer para entonces actuar.

Podrás haber adivinado que tengo problemas con tener el control. Sí, es cierto. Camuflado detrás de mi deseo sincero de hacer la voluntad de Dios hay un deseo igual de sincero de sentir que sé a dónde voy y cómo voy a llegar hasta allí. No me gusta lo desconocido.

Por desgracia, este deseo mío no está respaldado por las Escrituras. Dios le dijo a Abraham que dejara su casa y su familia, para " *salir al lugar que había de recibir como herencia; y salió sin saber a dónde iba. Por la fe habitó como extranjero en la tierra prometida como en tierra ajena, morando en tiendas con Isaac y Jacob, coherederos de la misma promesa*" (Hebreos 11:8-9; también ver Génesis 12:1-5).

"Sin saber a dónde iba".

No sé cómo te sientes con esas cinco palabras, pero a mí me asustan. Soy una persona muy enfocada en objetivos. Cuando estaba en la secundaria, mi papá y yo salíamos tener *conversaciones de éxito*. Hablábamos sobre mis objetivos y los pasos que debía tomar para alcanzarlos. Cuando tenía dieciocho años, sabía exactamente a dónde iba y lo que necesitaba que ocurriera para llegar hasta allí. Por supuesto, la vida dio un giro diferente al que esperaba, y hubo sorpresas, cambios, y vueltas a lo largo del camino. A veces, es muy difícil saber cuál es la sabiduría de Dios y cuál es la nuestra, pero he descubierto que Santiago 3:17 ayuda.

PARA PENSAR

Wiersbe escribió:

> La sabiduría del mundo producirá resultados del mundo; la sabiduría espiritual producirá resultados espirituales. La sabiduría del mundo produce problemas... Pensamientos erróneos producen una vida errónea. Una de las razones por la cual el mundo es un caos es porque los hombres se han negado a aceptar la sabiduría de Dios.[5]

Estos días, al ser una mamá de más de cuarenta años con dos hijos adolescentes, me encuentro pidiendo menos sabiduría acerca de unos grandes objetivos de vida y más sabiduría para saber cómo lidiar con lo que la vida presenta a mi familia en el momento. Reconozco que no poseo toda la sabiduría que necesito para ser el tipo de mamá que querría ser, y saber que no tengo el control me hace pedirle a Dios *su* sabiduría. La verdad es que necesito toda la sabiduría que pueda conseguir. Me quedo muy corta en muchos aspectos; sin ayuda, cometeré errores. Por suerte, su Palabra dice que Él nos dará sabiduría cuando la pidamos en fe (ver Santiago 1:5-6).

Las Escrituras también me ayudan a entender qué buscar para poder reconocer la sabiduría de Dios. Si a lo que siento que Dios me guía es puro, pacífico, amable, abierto a razonar, lleno de misericordia y buenos frutos, imparcial y sincero, puedo estar segura de que viene de Dios. Si carece de esas cualidades, probablemente no sea el caso.

---

5. Wiersbe, *The Wiersbe Bible Commentary*, p. 873.

La próxima vez que te encuentres tratando de discernir si algo es la sabiduría de Dios o la sabiduría humana, contrástalo con Santiago 3:17. Alinea tus pensamientos con los pensamientos de Dios, y ten la seguridad de que habrá buenos frutos, incluso si no ocurre inmediatamente. Después toma una decisión caminando con seguridad, sabiendo que al haber intentado honrar a Dios, el resultado descansa en el Señor.

MÁS VERSÍCULOS PARA ESTUDIAR U ORAR

Romanos 5:1; Efesios 2:14

VERSÍCULO DEL DÍA

Pero la sabiduría que es de lo alto es primeramente pura, después pacífica, amable, benigna, llena de misericordia y de buenos frutos, sin incertidumbre ni hipocresía.

—Santiago 3:17

ORACIÓN

Padre, gracias por ser fiel y confiable y por darnos las herramientas que necesitamos para seguirte. Cuando necesitemos sabiduría, ayúdanos a recordar pedírtela a ti, y danos el deseo y la habilidad de medir todas las cosas conforme a tu Palabra, que es nuestra norma. En el nombre de Jesús, amén.

PIENSA

ORA

_____

_____

_____

ALABA

_____

_____

_____

PENDIENTES   LISTA DE ORACIÓN

_____   _____

_____   _____

_____   _____

PREGUNTAS PARA UNA REFLEXIÓN MÁS PROFUNDA

1. ¿Cómo describirías la diferencia entre la sabiduría que viene de Dios y la que viene del mundo?

_____

_____

2. ¿Hay alguna situación ahora mismo en tu vida donde podrías usar la sabiduría de Dios? Intenta compararla con Santiago 3:17 y escribe sobre lo que Dios te enseñe.

_____

_____

Día 16

APRENDE A NO
SER TORPE

LECTURA: SALMOS 119

Mucha paz tienen los que aman tu ley,
Y no hay para ellos tropiezo.

—Salmos 119:165

El Salmo 119 es el más largo de todos los salmos, y es el punto de enfoque perfecto para la mente de todos los creyentes. No sabemos con certeza quién lo escribió o cuándo se escribió, pero en casi todos los versículos el salmista le habla directamente a Dios como si estuviera en una relación amorosa que perdurará por encima de todo, incluso por encima de la persecución. Claramente, el salmista tiene un amor profundo y permanente por la Palabra de Dios, y le da un gran valor a guardarla.

En los 176 versículos del Salmo 119 se nos dice que la Palabra de Dios mantiene puros nuestros caminos (v. 9), nos guarda para no pecar (v. 11), nos produce deleite (v. 24), nos sustenta (v. 28), nos consuela en la aflicción (v. 50), nos enseña buen sentido y sabiduría (v. 66), nos da vida (v. 93), nos hace más sabios (v. 98), nos provee de inteligencia (v. 104), ilumina nuestro camino (v. 105), nos llena de gozo (v. 111), nos da un escondite y un escudo (v. 114), hace entender a los simples (v. 130), y nos da paz (v. 165).

Con todos estos beneficios gloriosos de la obra de la Palabra de Dios en nuestras vidas, ¿nos sorprende que quienes la aman tengan paz y protección contra los tropiezos?

PARA PENSAR

A menudo he pensado que los versículos que rodean al versículo destacado de hoy (161-168) son perfectos para una afirmación matutina o una oración para comenzar el día:

Príncipes me han perseguido sin causa, pero mi corazón tuvo temor de tus palabras. Me regocijo en tu palabra como el que halla muchos despojos. La mentira aborrezco y abomino; tu ley amo. Siete veces al día te alabo a causa de tus justos juicios. Mucha paz tienen los que aman tu ley, y no hay para ellos tropiezo. Tu salvación he esperado, oh Jehová, y tus mandamientos he puesto por obra. Mi alma ha guardado tus testimonios, y los he amado en gran manera. He guardado tus mandamientos y tus testimonios, porque todos mis caminos están delante de ti.

Verdaderamente, nuestro autor ama al Señor y quiere andar en sus caminos. Pero, ¿qué significa amar la ley de Dios?

En este salmo, el autor usa la palabra *"ley"* para referirse a la Torá, o los primeros cinco libros del Antiguo Testamento. Los libros de la Torá cuentan la historia de cómo creó Dios el mundo, el nacimiento de la humanidad y su caída, la elección del pueblo de Dios, su esclavitud en Egipto, el éxodo de Egipto al desierto, y la muerte de Moisés justamente antes de que su pueblo entrara a la Tierra Prometida. Es probable que eso fuera todo a lo que tenía acceso el autor de este salmo como *Sagradas Escrituras*. Es interesante que lo que tantos cristianos hoy en día ven como la parte *aburrida* de la Biblia, este hombre la amaba con todo su ser. Era todo lo que tenía de Dios, así que la amaba, la estudiaba, la memorizaba, la oraba, permitía que dictara y dirigiera su vida y sus decisiones, permitía que corrigiera sus pensamientos, y la usaba para definir todo lo demás.

Cuando se reverencia de esta manera, la Palabra de Dios penetra en el corazón de la humanidad pecaminosa y se convierte en una lente con la cual ve todo lo demás. Ayer aprendimos que pensar mal nos hace vivir mal. En contraste, pensar bien (apoyados por la Palabra verdadera de Dios) nos hace vivir rectamente. Y, cuando pensamos bien, actuamos bien. Cuando actuamos bien, tropezamos menos. Y cuando no tenemos miedo a tropezar, tenemos más paz.

MÁS VERSÍCULOS PARA ESTUDIAR U ORAR

Romanos 14:17; 1 Timoteo 2:2

VERSÍCULO DEL DÍA

Mucha paz tienen los que aman tu ley, Y no hay para ellos tropiezo. —Salmos 119:165

ORACIÓN

Padre, que estas palabras sean nuestra verdad. Que definan nuestros días y sus momentos. Que nuestros hijos e hijas también anden en tus caminos, amando tu Palabra y guardando tu ley. En el nombre de Jesús, amén.

PIENSA

ORA

_____

_____

_____

ALABA

_____

_____

_____

PENDIENTES

_____

_____

_____

LISTA DE ORACIÓN

_____

_____

_____

PREGUNTAS PARA UNA REFLEXIÓN MÁS PROFUNDA

1. ¿Cómo valorarías tu compromiso y comprensión de la verdad de Dios que se encuentra en su Palabra? ¿La amas?

_____

_____

_____

2. Las etapas difíciles de la vida tienden a enseñarnos exactamente cuánto amamos a Dios y su Palabra. ¿Cuándo fue la última vez que atravesaste algo difícil? ¿Fuiste capaz de permanecer en la verdad de la Palabra de Dios? ¿Tropezaste? ¿Por qué?

Día 17

SÉ INTENCIONAL CON TU MENTE

LECTURA: ROMANOS 8

Porque el ocuparse de la carne es muerte,
pero el ocuparse del Espíritu es vida y paz.
—Romanos 8:6

Es una locura cuán específica y directa es la Biblia algunas veces, y aun así a menudo actúo como si no supiera qué hacer o cómo vivir una vida cristiana diaria plena. Creo que sé más que la Biblia, y busco sabiduría en lugares donde no se puede encontrar. ¿No te sucede lo mismo a ti? Seguro que la respuesta es afirmativa, al menos a veces.

Gran parte de la vida cristiana es una decisión. La obra de Dios por medio de Jesús en la cruz está hecha; y a través de la muerte, sepultura y resurrección, Jesús abrió un camino para nosotros no solo para salvación, sino también para tener acceso a todo lo que necesitamos para vivir esta vida de manera piadosa (ver 2 Pedro 1:3). Romanos 8:6 es un principio maravilloso sobre *cómo vivir*, que puede servirnos muy bien mientras lo intentamos.

Matthew Henry dijo: "Tal como es su mente, así es el hombre". Técnicamente, en Romanos 8:6 se habla sobre la diferencia entre la persona que es salva (espíritu) y la que no es salva (carne), pero no es una exageración extenderlo a lo que permitimos que entre en nuestra mente y cómo permitimos que nuestra mente interprete el mundo que nos rodea. La Biblia nos alienta: *"poned la mira en las cosas de arriba, no en las de la tierra"*

Yo soy una persona que reacciona. Mi respuesta instintiva es reaccionar a las circunstancias de la vida. Lo puedo sentir físicamente: mi ritmo cardiaco se acelera, me sonrojo, y comienzo a tener *todos* los pensamientos. Todos ellos: buenos, malos, y todo lo que está en el medio. En veinte segundos o menos, mi mente ya ha contemplado el peor de los casos, y puede que sí o puede que no haya intentado convencerme de que son inminentes. Por suerte, ya casi soy una experta en no hablar de ellos en voz alta hasta haber tenido tiempo para procesarlos en privado. Me he dado cuenta de que es una decisión que tengo que tomar que va en contra de lo que siento por dentro. Es una decisión que todas tenemos que tomar, ya que el Espíritu de Dios está obrando en nosotras.

PARA PENSAR

El verano pasado, mi hijo mayor jugó un partido de béisbol contra un equipo al que tenía muchas ganas de vencer. No se cumplió su deseo. Es más, ni él ni su equipo jugaron muy bien. Tuvieron uno de esos partidos en los que todo parece desmoronarse, y todo lo que podía ir mal... fue mal.

Tuvo un pequeño descanso entre ese partido y el siguiente. Nuestros aperitivos y bebidas estaban fuera, en el automóvil, en una nevera, así que después de que el entrenador terminara de hablar con el equipo, mi hijo y yo salimos del estadio al estacionamiento. Yo había estacionado casi al fondo, porque hacer lo contrario en ese estadio significa arriesgarse a que se dañe tu automóvil por los *jonrones,* así que mientras caminábamos dejé que se quejara. Durante todo el trayecto hasta llegar al auto habló mal de sí mismo frustrado por sus esfuerzos, y se criticaba a sí mismo por los errores que había cometido. Yo no dije ni una palabra. Agarramos los aperitivos y las bebidas, y tras unos pasos más, mi hijo comenzó a quejarse de nuevo.

Aplaudiendo con fuerza y asustando a mi hijo, dije firmemente: "¡Basta!". Quería detener su tren de pensamientos abruptamente y ofrecerle algo diferente. Dije: "Ahora que hemos cambiado de dirección, te toca contarme las cosas que hiciste bien o cómo vas a aprender de tus errores en el último partido para que puedas hacer algo bien en el próximo. Quiero que cambies tu mentalidad de forma intencional, aunque no tengas ganas de hacerlo".

Salió de ese estado de pesimismo en el que estaba y se centró. Todo el tono de nuestra conversación cambió, y jugó mejor en el partido siguiente. Si yo le hubiera permitido seguir en ese estado depresivo, no creo que habría jugado mejor. Incluso habría jugado peor.

Sé que esta es una versión simplificada de una verdad bíblica profunda, pero tenemos opción en cuanto a dónde dejamos que nos lleve nuestra mente. Si escogemos enfocarnos en las cosas de la carne (básicamente, cualquier cosa que Dios llama pecaminoso), experimentaremos no solo una posible muerte en lo que concierne a nuestra salvación, sino también muerte de maneras grandes y pequeñas a lo largo de todo el curso de nuestra vida. No estoy hablando de muerte física aquí, aunque también podría concluir en eso. Hablo de miles de pequeñas muertes que resultan de malas decisiones al tomar el camino que Dios llama malo, en vez de escoger intencionalmente lo que Él llama bueno: centrar nuestra mente en el espíritu. Una vida de decisiones continuas en la carne resultará en un camino que nos aleja de Dios. Por otro lado, una vida de decisiones continuas intencionales de servir a Dios nos llevará directamente a Él, una y otra vez.

No siempre es fácil centrar nuestra mente en cosas que producen vida, pero es que ninguna de las cosas que tenemos que elegir intencionalmente para nuestra salud y beneficio lo es. La verdad es que normalmente es más fácil centrar nuestra mente en lo que nos aleja de Dios. De hecho, por alguna razón, esos pensamientos son lo que suelen saltar a mi mente primero. Pero el beneficio de aprender a centrar nuestra mente en el espíritu nos conduce a la vida, y ese resultado final supera enormemente el costo.

MÁS VERSÍCULOS PARA ESTUDIAR U ORAR

1 Corintios 14:33; Hebreos 13:20

VERSÍCULO DEL DÍA

Porque el ocuparse de la carne es muerte, pero el ocuparse del Espíritu es vida y paz.　　　　—Romanos 8:6

ORACIÓN

Padre, está claro por tu Palabra que tengo que poner intencionalmente mi mente y mis pensamientos en lo que tú dices que es verdad, en lugar de permitir que sean manipulados por lo que está ocurriendo a mi alrededor. Señor, ayúdame a hacerlo intencionalmente. En el nombre de Jesús, amén.

PIENSA

_____

_____

_____

ORA

_____

_____

_____

ALABA

_____

_____

_____

PENDIENTES   LISTA DE ORACIÓN

_____   _____

_____   _____

_____   _____

PREGUNTAS PARA UNA REFLEXIÓN MÁS PROFUNDA

1. ¿Qué emociones experimentas cuando tu mente está centrada en cosas del mundo, como tus circunstancias, las noticias o tragedias?

_____

_____

_____

2. ¿Qué se siente cuando intencionalmente cambias de dirección y fuerzas tu mente a estar centrada en las cosas de Dios, como sus verdades, la Biblia, y la adoración?

_____

_____

_____

Día 18

EJERCITADA PARA TENER PAZ

LECTURA: HEBREOS 12

Es verdad que ninguna disciplina al presente parece ser causa de gozo, sino de tristeza; pero después da fruto apacible de justicia a los que en ella han sido ejercitados.

—Hebreos 12:11

Al final, todas atravesamos alguna situación en la vida que preferiríamos evitar. Y casi todas, al estar en medio de esa situación, se preguntarán: ¿por qué yo? Es una pregunta que yo planteaba casi a diario, a veces más de una vez al día, cuando mis hijos eran muy pequeños y difíciles de gestionar. Es una pregunta que hacía a menudo cuando mi esposo no podía asistir a la iglesia más de dos domingos al mes por los turnos en el trabajo. Es una pregunta que echó raíces profundas en mi corazón por muchos años cuando atravesamos dificultades financieras en nuestro matrimonio.

Me gustaría pasar nuestro tiempo juntas hoy contándote por qué Dios escoge disciplinar a sus hijos, pero no puedo. Sé que en teoría lo hace para ejercitarnos en rectitud o para que seamos más semejantes a su Hijo Jesús. Supongo que la parte que no puedo explicar es por qué tiene que ser de ese modo.

Es una pregunta que mi hijo mayor ha hecho muchas veces, y la conclusión a la que llegamos siempre es que en ocasiones solo tenemos que estar en paz sin saber los motivos de Dios, y decidir confiar en ellos de todos modos. No es una respuesta que le guste mucho a mi hijo de diecisiete años. Sinceramente, a mí tampoco me gusta. Ojalá pudiera preguntarle a Dios por qué no hay otro camino. ¿Por qué, siendo Él el Creador, no diseñó la vida humana para que no hubiera necesidad de corrección, ni oportunidad para el pecado?

A veces simplemente no tenemos las respuestas, y por eso se llama fe.

Lo que sí sé es que, cuando miro atrás a las circunstancias de la vida que son claramente la mano de disciplina de Dios en mi vida —incluso cuando miro otras cosas que tal vez no fueron disciplina directa por algo que hice mal, pero que Dios usó para disciplinarme— veo que me parezco más a Jesús por ellas. No estoy diciendo que las disfruté ni que pediría repetirlas o tener más en el futuro; sin embargo, he encontrado paz en ellas por la persona a la que han hecho que me parezca más: una persona más recta que tiene la paz de estar cerca de Jesús y de la experiencia personal de su manos fuertes y poderosas sosteniéndome en medio de ellas. *Eso* sí que no lo cambiaría.

PARA PENSAR

Cuando me encuentro pensando "¿por qué yo?", intento hacer un ejercicio mental que me ha ayudado a tener más paz en tiempos difíciles. Cambio la pregunta y digo: "¿Por qué yo *no*?". ¿Desearía mis retos y aflicciones sobre otro? ¿Preferiría conocer *menos* a Cristo y tener una vida más fácil?

En Filipenses 3, Pablo pasa mucho tiempo intentando ayudarnos a entender quién era él antes de Cristo. No estoy hablando del tipo malo llamado Saulo, que mataba y perseguía a cristianos, sino de todas las cosas de las que podía presumir y que lo hacían especial. Leamos esta lista en los versículos 4-6:

"Circuncidado al octavo día" después de su nacimiento, que sigue siendo importante para los judíos hoy día.

"Del linaje de Israel", más específicamente *"de la tribu de Benjamín"*, conocidos por su valentía.

"Hebreo de hebreos", lo que significaba que era puramente cien por ciento judío, y hablaba y leía hebreo.

Zelote.

Fariseo.

Recto y sin culpa ante la ley.

Y, aun así, Pablo dice:

Pero cuantas cosas eran para mí ganancia, las he estimado como pérdida por amor de Cristo. Y ciertamente, aun estimo todas las cosas como pérdida por la excelencia del conocimiento de Cristo Jesús, mi Señor, por amor del cual lo he perdido todo, y lo tengo por basura, para ganar a Cristo, y ser hallado en él, no teniendo mi propia justicia, que es por la ley, sino la que es por la fe de Cristo, la justicia que es de Dios por la fe. —Filipenses 3:7-9

Vaya. Pablo sufrió mucho por su fidelidad inquebrantable a Cristo, incluyendo que le arrebataran su reputación, bienestar físico, relaciones, e incluso necesidades básicas como comida y un lugar donde alojarse a veces. Aunque no entendamos por qué, es mi oración que adoptemos la misma posición del corazón y permitamos que Dios nos ejercite para tener paz y rectitud.

MÁS VERSÍCULOS PARA ESTUDIAR U ORAR

Salmos 128:6; Colosenses 1:20

VERSÍCULO DEL DÍA

Es verdad que ninguna disciplina al presente parece ser causa de gozo, sino de tristeza; pero después da fruto apacible de justicia a los que en ella han sido ejercitados.

—Hebreos 12:11

ORACIÓN

Padre, por favor ayúdame a confiar en ti en cuanto a lo que es mejor para mí. Confieso que no siempre lo entiendo, pero sí tengo el deseo de ponerte a ti sobre todas las cosas y conocer tu valor en mi vida diaria. Ayúdame a someter mi vida y a las personas que quiero a tu disciplina, y a saber que tú usas esa disciplina para hacerme más semejante a tu Hijo. En el nombre de Jesús, amén.

PIENSA

ORA

ALABA

PENDIENTES   LISTA DE ORACIÓN

PREGUNTAS PARA UNA REFLEXIÓN MÁS PROFUNDA

1. Piensa en la última vez que te sentiste disciplinada por el Señor. ¿Fue agradable? ¿Cómo te sientes al respecto ahora?

2. ¿Cómo te sientes al saber que Dios usa todas las circunstancias de tu vida para ejercitarte y darte el *"fruto apacible de justicia"*? ¿Cómo puedes aplicar esto a tu vida?

Día 19

POR QUÉ LA PAZ DE DIOS ES MEJOR

LECTURA: ROMANOS 5

Justificados, pues, por la fe, tenemos paz para con Dios por medio de nuestro Señor Jesucristo.
—Romanos 5:1

Solo me acuerdo de que era tarde. ¿Por qué siempre nos damos cuenta de las crisis cuando es tarde? Estaba tumbada en la cama intentando orar, pero en realidad estaba haciendo cuentas en mi cabeza obsesivamente sobre una gran compra que acabábamos de hacer. Mi conclusión no era buena. De hecho, creo que me senté en la cama y me dije a mí misma: "¿Por qué lo hicimos?¡Fue una mala decisión!".

Podrías preguntarte por qué no pensamos la decisión un poco más antes de tomarla. Lo hicimos, pero nos olvidamos de algunas cosas que estaban a la vuelta de la esquina, como una subida de precio en nuestro seguro de automóvil premium debido a un nuevo conductor adolescente (varón, ¡que significa que sube *mucho* más!), cuotas de viajes de béisbol, y más gastos del diario vivir. Eran los conocidos desconocidos, si puedo llamarlos así, que provocaron un momento de puro pánico, pensando en cómo haríamos frente a todo.

Admito que las finanzas son una de las cosas que amenazan con robarme la paz a menudo en este mundo. Si tenemos dinero suficiente, me siento segura; de lo contrario, me siento expuesta. Aún batallo con vivir la verdad de que Dios es dueño de todo y que proveerá para nuestras necesidades. Si no lo puedo ver en papel, me causa estrés, y donde hay estrés no hay paz.

Tiendo a querer ser capaz de ver paz en tiempo real. Eso significa paz en mis finanzas (dinero suficiente), paz en mi familia (hijos obedientes y respetuosos), paz en mi matrimonio (compañía amorosa y de apoyo), paz con mis amigos (relaciones agradables y amables) y paz en mi profesión (una visión clara del futuro). Desafortunadamente, este tipo de paz con el *mundo*, que fluye desde fuera hacia adentro, no siempre está disponible. Es lo que yo quiero, pero no es siempre lo que recibo. Cuando me frustro, es porque malinterpreto cómo funciona la paz.

PARA PENSAR

Cinco palabras en la mitad de Romanos 5:1 me llaman la atención: *"tenemos paz para con Dios"*. No me centraré mucho en el tiempo verbal utilizado aquí porque ya hemos hablado de que la paz es un fruto del Espíritu, algo que los creyentes reciben cuando toman la decisión de seguir a Cristo. Tenemos paz porque tenemos al Espíritu Santo viviendo dentro de nosotros. Solo nos corresponde nutrirla en el camino hacia su crecimiento.

Lo que quiero recordarnos con estas cinco palabras es que la paz con Dios es una que viene desde dentro y fluye hacia afuera. Es mejor que la paz circunstancial, porque nuestra paz con Dios es el tipo de paz más importante que podemos tener. Nada nos la puede arrebatar. La paz con Dios triunfa sobre la paz con el mundo, y es una perspectiva superior desde la que podemos ver y entender la vida.

Por desgracia, la mayoría de nosotras pasamos nuestras vidas persiguiendo paz externa, creyendo que fluirá a nuestros corazones y se quedará a vivir ahí. Algunas creemos que ese es el único tipo de paz que hay o el único tipo que vale la pena tener, pero eso es una falacia. Jesús mismo nos advirtió: *"En el mundo tendréis aflicción; pero confiad, yo he vencido al mundo"* (Juan 16:33).

Amiga cristiana, la única forma de tener paz en este mundo afligido y cambiante es por medio de nuestro Señor Jesucristo al confiar en su carácter, su consistencia y su compasión sobre lo que podemos ver. Algunas veces no tendremos o seremos suficientes, no seremos respetadas, ni apoyadas, ni valoradas. La gente no estará de acuerdo con nosotras y no será amable. A menudo tendremos solo la visión suficiente para poner un pie delante del otro en el camino hacia nuestro futuro, no llegaremos a saltar hasta arriba. Cuando nos damos cuenta de que la vida traerá problemas, la paz externa nunca llega al corazón. Por eso es mejor enfocarse en el tipo de paz que empieza en el corazón y va hacia afuera.

MÁS VERSÍCULOS PARA ESTUDIAR U ORAR

Salmos 4:8; Salmos 29:11

VERSÍCULO DEL DÍA

Justificados, pues, por la fe, tenemos paz para con Dios por medio de nuestro Señor Jesucristo.   —Romanos 5:1

ORACIÓN

Padre, solo es por ti que hay cosas buenas en mí. Tener paz contigo significa que puedo tener paz en todo momento, sin importar lo que el mundo me ponga en el camino. En este día, ayúdame a acordarme de esta verdad, y gracias por enseñarme el camino hacia la paz. Que las personas que amo lo puedan ver también. En el nombre de Jesús, amén.

PIENSA

ORA

ALABA

PENDIENTES

LISTA DE ORACIÓN

PREGUNTAS PARA UNA REFLEXIÓN MÁS PROFUNDA

1. ¿Por qué tener paz con Dios por medio de Jesús significa que puedes tener paz en cualquier otra cosa?

_____

_____

_____

2. Intenta recordar una ocasión en la que fuiste capaz de tener completa paz sobre algo en tu mundo gracias a la paz que tienes con Dios. ¿Cómo fue? Si nunca has experimentado ese tipo de paz, ¿qué puedes hacer para lograrlo?

_____

_____

_____

Día 20

QUÉ HACER CUANDO TUS FUERZAS SE ACABAN

LECTURA: SALMOS 29

Jehová dará poder a su pueblo;
Jehová bendecirá a su pueblo con paz.

—Salmos 29:11

Cuando mis hijos eran muy pequeños, tan pequeños que probablemente no se acuerden, me paré con ellos delante del océano y señalé a la masa de agua tan poderosa, fuerte y grande que llenaba el horizonte hasta lo que parecía su final. Cuando capté su atención, les dije: "¿Ven cuán grande, potente y fuerte es el océano? ¡Las olas aquí en la orilla son tan fuertes que nos pueden derribar con facilidad! ¿Pueden imaginar cuánta más fuerza tiene el agua según se va haciendo más profunda? ¡La forma en que se mueve el agua, la corriente, es tan fuerte que tengo que venir por ustedes cuando les lleva demasiado lejos! Es increíble, precioso, fuerte y poderoso, y da un poco de miedo, todo al mismo tiempo. ¿Escuchan las olas? Ese sonido, y lo que sabemos del mar, así es Dios. Salmos 29:3 dice: *"Voz de Jehová sobre las aguas"*, y Apocalipsis 1:15 dice: *"Y su voz como estruendo de muchas aguas"*. Así es el Dios al que servimos. Grande, fuerte, precioso, y muy emocionante. Pero si escuchan, lo oirán. Si miran, lo verán. Y si lo respetan, valdrá la pena".

Cada año, cuando regresamos a la playa, les pido a mis chicos que me digan cómo suena la voz de Dios. Si se acuerdan, me dirán: "Como muchas aguas", y espero que eso sea una referencia de la que se acuerden siempre. Cuando miren el agua, espero que se sientan cerca de Dios. Yo definitivamente lo siento. Me siento en mi silla de playa bajo la sombrilla y escucho algo cercano a la majestad de la voz de Dios que puedo entender. La idea de que su voz es tan grande, tan profunda y fuerte me llena de paz al saber que su fuerza es suficiente, porque la mía muy a menudo se queda corta.

Me gusta ser fuerte. Me siento orgullosa al no llorar tanto, y disfruto sentir como que tengo el control. Dios nos ha dado a cada una de nosotras cierta cantidad de fuerza. Normalmente tenemos fuerza suficiente para levantarnos de la cama y manejar lo que se nos presenta en el camino cada día, pero a pesar de nuestros mejores esfuerzos de vivir por nuestra cuenta, llegará un momento cuando nuestra fuerza se acabe. Me ocurrió a mí cuando tenía veintinueve años. A ti te podrá ocurrir después, pero ocurrirá.

Hablo sobre esto en *Unraveled: Hope for the Mom at the End of Her Rope* (Desenredado: Esperanza para la mamá que está al límite):

> ¿Cuántas veces al día te encuentras pensando que eres un fracaso, o que ese gran error probablemente enviará a esa pequeña persona que observa todo lo que haces directamente a una silla de consejería más adelante en su vida? ¿Cuánto tiempo a lo largo de tu día pasas glorificando tus debilidades (pensando en ellas, permitiendo que comentarios negativos interiores sobre ellas te machaquen) y pensando en lo que pasaría si todos descubren la verdad sobre quién eres realmente?[6]

---

6. Stacey Thacker y Brooke McGlothlin, *Unraveled: Hope for the Mom at the End of Her Rope* (Eugene, OR: Harvest House Publishers, 2015), p. 19.

PARA PENSAR

He compartido mi historia personal en otros libros, así que no lo volveré a hacer aquí, pero es importante que sepas que la maternidad me sacudió. Tener dos varones separados por veintitrés meses se me hizo muy difícil, y pasaba la mayoría del tiempo llorando y sintiéndome como un fracaso total en lo único que más quería hacer bien. Siempre había encontrado la manera de conseguir lo que me proponía, pero eso no me sucedió con la maternidad. Mi fuerza y fortaleza personal me sirvieron hasta los veintinueve años. Y después mi fuerza se agotó.

Tuve que quejarme y darle vueltas para llegar hasta ahí, pero al final me di cuenta de que la Palabra de Dios dice algo completamente distinto a lo que el mundo nos dice acerca de la fuerza. Dios dice que no pasa nada por ser débiles.

De hecho, dice que está bien. Pablo nos dice:

Y me ha dicho: Bástate mi gracia; porque mi poder se perfecciona en la debilidad. Por tanto, de buena gana me gloriaré más bien en mis debilidades, para que repose sobre mí el poder de Cristo. Por lo cual, por amor a Cristo me gozo en las debilidades, en afrentas, en necesidades, en persecuciones, en angustias; porque cuando soy débil, entonces soy fuerte".

En estos versículos, Pablo nos dice cómo obtener paz cuando nuestras fuerzas se agotan.

Deja que ocurra. Deja que tus fuerzas se acaben. Gloríate en tus debilidades y entonces sé verdaderamente fuerte. Creo que Dios diría algo así a nuestros corazones:

Si me dejas, yo convertiré el lugar de tu mayor debilidad en el lugar de mi mayor gracia. Yo seré la fuerza que necesitas para continuar, el que está contigo en tu mayor desastre, el que te guía a tu siguiente paso y cubre tus pecados. Confía en mí, invítame a entrar. Te he amado con un amor incondicional, y mi fuerza es suficiente.[7]

MÁS VERSÍCULOS PARA ESTUDIAR U ORAR

Isaías 41:10; 2 Corintios 12:1-10

VERSÍCULO DEL DÍA

Jehová dará poder a su pueblo; Jehová bendecirá a su pueblo con paz. —Salmos 29:11

ORACIÓN

Padre, si dependo de mis propias fuerzas, fracasaré. Si intento encontrar paz fuera de ti, se me acabará. Ayúdame hoy y todos los días a recordar que mi fuerza viene de mi relación contigo. Tú eres mi fuente verdadera. En el nombre de Jesús, amén.

PIENSA

_____

_____

_____

ORA

_____

_____

_____

---

7. Ibid., p. 23.

ALABA

PENDIENTES

LISTA DE ORACIÓN

PREGUNTAS PARA UNA REFLEXIÓN MÁS PROFUNDA

1. Lee 2 Corintios 12:9-10. ¿Qué dice sobre la fuerza de Dios?

2. ¿Alguna vez has visto tus debilidades como la oportunidad perfecta para que Dios sea fuerte? ¿Qué provoca en tu corazón saber esto?

Día 21

ORAR PARA QUE DIOS OBRE A PESAR DE TI

LECTURA: NÚMEROS 6

Jehová te bendiga, y te guarde; Jehová haga resplandecer su
rostro sobre ti, y tenga de ti misericordia;
Jehová alce sobre ti su rostro, y ponga en ti paz.
—Números 6:24-26

En nuestra casa, Números 6:24-26 es conocido como la *oración especial*. Ha sido el pasaje que oro sobre mis hijos todas las noches antes de que se duerman. Comencé a hacerlo cuando eran bebés, y he continuado haciéndolo casi cada noche. Cuando se me olvida, ellos me lo recuerdan, y mi plan es continuar haciendo esa oración cada día durante el resto de *mi* vida.

Creo que parte del motivo por el que me gusta tanto orar este pasaje, y posiblemente el motivo por el cual escogí orar versículos de la Escritura la mayor parte del tiempo, es porque soy muy consciente de mi escasez. Sé mejor que nadie que no doy la talla como mamá, ni como esposa, ni como hija de Dios. Si hiciera una lista de todas mis debilidades nunca terminaría, y soy consciente de que esta escasez en mí afecta directamente a mis hijos.

En mi libro *Praying for Boys*[8] (Orando por los varones), comparto la historia que una vez me contó mi papá sobre una conversación que tuvo con su hermano mayor, mi tío Bob, en un picnic familiar. Al ver a todos los primos conversar y pasar el rato, mi papá se emocionó. Se volteó hacia su hermano mayor y le preguntó: "Bob, ¿van a estar bien?". Mi tío lo miró y le respondió: "Dave, van a estar bien a pesar de nosotros".

Supongo que eso es lo que espero estar orando cuando recito nuestra *oración especial*: que Dios tome la mejor versión de nosotros, junto con todo lo que no hicimos bien, y lo transforme en algo que Él pueda usar para su reino… a pesar de nosotros.

Las Escrituras insisten en que eso es posible. Piensa en los siguientes personajes bíblicos provenientes de entornos o experiencias desastrosas, pero aun así fueron usados por Dios para sus propósitos:

+ Moisés, que mató a un egipcio.

+ Rahab, una prostituta.

+ Elisabet, estéril hasta una edad avanzada.

+ María, embarazada antes del matrimonio.

+ Pedro, que negó públicamente a Cristo.

+ Pablo, perseguidor de cristianos.

Claramente *"lo necio del mundo escogió Dios, para avergonzar a los sabios; y lo débil del mundo escogió Dios, para avergonzar a lo fuerte"* (1 Corintios 27). Estos nombres conocidos ni siquiera incluyen las personas en mi propia vida cuyos testimonios son parecidos, el mío incluido. Dios parece especializarse en hacer algo de la nada, en escoger lo necio para avergonzar a los sabios, y lo débil para avergonzar a lo fuerte. No puede haber duda de que a Dios le

---

8. Brooke McGlothlin, *Praying for Boys: Asking God for the Things They Need Most* (Minneapolis, MN: Bethany House Publishers, 2014).

encanta sorprendernos, a menudo usando a personas que el resto del mundo creía que no conseguirían grandes cosas.

PARA PENSAR

Una vez compartí esta frase en Instagram, y recibí una respuesta increíble: "Sé el tipo de mamá cuyos hijos no conocen un solo día sin las oraciones de su madre". Hablando en serio, esta publicación probablemente recibió una de las cantidades más altas de *likes* que nunca he recibido. Fue inspirada por una amiga que había publicado ese mismo día que su hijo estaba en su último año de la secundaria, y que ella

y su esposo habían orado fielmente por él hasta ese día. Realmente me inspiró, y quise compartirlo para inspirar a otras mamás. Mayormente sucedió eso; sin embargo, una mamá cuyos hijos ya eran adultos y se habían independizado me escribió un mensaje por privado y me dijo: "Ya no hay remedio. Es demasiado tarde. Mis hijos ya no viven en mi casa, y ni siquiera sabía nada de la oración hasta hace poco. Me siento muy derrotada".

Mi corazón se rompió por ella, así que al día siguiente publiqué otra frase que decía: "Nunca es demasiado tarde para convertirse en una mamá que ora". Quería que ella y cualquier otra mamá que sintiera que había perdido su oportunidad supieran que, mientras tus hijos u otras personas que aman estén a este lado del cielo, Dios puede obrar en sus vidas por medio de sus oraciones. Dios está entretejiendo las vidas y circunstancias de todos sus hijos (aquellos que lo conocen, y aquellos que lo conocerán algún día) para llevar a cabo los planes de su reino aquí en la tierra. Él conoce cada detalle de cada vida, y sabe exactamente qué tiene que suceder en cada vida para que se acerque a Él. Nuestra escasez puede ser parte de ese plan, y podemos confiar en que Él usará todo en el momento correcto.

MÁS VERSÍCULOS PARA ESTUDIAR U ORAR

1 Corintios 1:26-29

VERSÍCULO DEL DÍA

Jehová te bendiga, y te guarde; Jehová haga resplandecer su rostro sobre ti, y tenga de ti misericordia; Jehová alce sobre ti su rostro, y ponga en ti paz. —Números 6:24-26

ORACIÓN

Padre, por favor bendice a las personas que amo a pesar de mi escasez y la cantidad de veces que les he fallado a ellos y a ti. Creo que eres el Dios que redime, así que redime cualquier cosa que se haya perdido en mi vida y úsalo para tu gloria. En el nombre de Jesús, amén.

PIENSA

_____

_____

_____

ORA

_____

_____

_____

ALABA

_____

_____

PENDIENTES

LISTA DE ORACIÓN

PREGUNTAS PARA UNA REFLEXIÓN MÁS PROFUNDA

1. Números 6:24-26 es conocido como la *oración especial* en mi casa. Considera hacerla tuya también. Ora ese pasaje ahora para ti y para tu familia.

2. Millones de niños por todo el mundo no tienen el beneficio de tener una mamá que ora. Detente un momento y dale gracias a Dios por tener la oportunidad de ser una. Si no eres mamá, considera elegir niños que estén pasando necesidad para que sean tus *hijos de oración* y ora por ellos de modo habitual.

Día 22

GRACIA Y PAZ A TI

LECTURA: ROMANOS 1

A todos los que estáis en Roma, amados de Dios,
llamados a ser santos: Gracia y paz a vosotros,
de Dios nuestro Padre y del Señor Jesucristo.
—Romanos 1:7

En mi último año de clases en Virginia Tech, una universidad secular, tomé una materia sobre el Nuevo Testamento que impartía una profesora de teología que no estoy segura de si era creyente o no. Nunca dijo si lo era o no lo era. Me pareció raro en aquel momento, porque tomar esa materia coincidió con un periodo decisivo en mi vida personal. Era la primera vez que leía el Nuevo Testamento entero de principio a fin.

Seamos sinceras: lo hice porque tenía que hacerlo (era un requisito para terminar la asignatura), pero durante ese tiempo, las palabras del Nuevo Testamento también cobraron un nuevo sentido en mi vida. Le había entregado mi corazón a Jesús a los nueve años, pero a mis veintiuno comencé a caminar de cerca con Él. Esto se debe, en parte, al modo en que Dios usó esa asignatura para hacer real su Palabra en mi vida como nunca antes. Dios confirmó la validez de Hebreos 4:12 al hacer la Palabra *"viva y eficaz"* en mí. Era un misterio para mí que la profesora pudiera haber sido una parte de ese proceso sin saberlo, y posiblemente sin ser ella misma cambiada. Desearía habérselo dicho.

Este cambio en mi corazón es lo que más recuerdo de esa clase, porque cambió el rumbo de toda mi vida. En lugar de seguir en la escuela de posgrado en un programa secular, comencé a buscar seminarios y finalmente llegué al programa de Maestría en Consejería Profesional de la Universidad Liberty. Quería ayudar a las personas, pero quería hacerlo con la sabiduría de Dios. Parecía un encaje perfecto. Eso es lo que más me llamó la atención de la asignatura de Nuevo Testamento, pero los otros dos recuerdos que tengo son la insistencia inflexible de la profesora en que escribiéramos bien los nombres de los libros del Nuevo Testamento, y cuando nos enseñó sobre Romanos 1:7.

Según mis mejores cálculos, diecisiete de los veintisiete libros del Nuevo Testamento ofrecen alguna versión de este saludo por varios autores, orando para que los que recibieran la carta tuvieran la gracia y paz de Dios. La excepción interesante está en 2 Juan 1:3, que dice: *"Sea con vosotros gracia, misericordia y paz, de Dios Padre y del Señor Jesucristo, Hijo del Padre, en verdad y en amor"*. Aun así, el tema de gracia y paz sigue ahí.

En el mundo actual, la mayoría de las personas apenas llegan a decir "¡Hola!" cuando mandan un correo o un mensaje de texto rápido. La mayoría de las veces vamos directas a comunicaciones cortas, sin preocuparnos de saludos apropiados socialmente y culturalmente. Ni siquiera hablemos de cómo mis hijos usan mala gramática y signos de puntuación a propósito, escogiendo no utilizar mayúsculas… nunca. ¡Me vuelve loca! Sin embargo, en los tiempo de Pablo, saludar correctamente era algo esencial, y el saludo más común era simplemente "¡Saludos!". Pablo, sin embargo, llevaba las cosas un poco más allá, y de modo increíblemente significativo consiguió expresar la mayoría de la teología cristiana en una simple bendición inicial.

PARA PENSAR

Este saludo era tan importante, que Pablo lo usaba para comenzar cada una de sus epístolas; varias otras cartas de otros autores en el Nuevo Testamento también comienzan con ese saludo. Nuestro Pablo revolucionó todo, ¿no es cierto? Él tomó un saludo simple y común y lo convirtió en algo que serviría como un potente recordatorio de lo que Jesús era y lo que hizo para aquellos a los que escribía.

Con la palabra *gracia*, Pablo dijo: "Recuerden que su salvación no se trata de ustedes. No se la ganaron, sino que fue dada como un regalo pagando un precio muy alto" (ver Efesios 2:5-8).

Con la palabra *paz*, Pablo dijo: "Recuerden que fueron reconciliados con Dios por medio de Jesús, quien pagó un precio muy alto" (ver Efesios 2:14-17).

Combinadas en un mismo saludo y en ese orden, estas dos palabras recuerdan al lector que "la paz fluye *desde* la gracia. Recibimos bienestar y sanidad después de haber recibido la *gracia* de Dios".[9] En otras palabras, la paz viene del hecho de que Dios nos dio un regalo que no merecíamos. Su Hijo produce nuestra paz.

Gracia y paz para ti hoy, amiga.

MÁS VERSÍCULOS PARA ESTUDIAR U ORAR

1 Corintios 1:3; 2 Corintios 1:2; Gálatas 1:3; Efesios 1:2; Filipenses 1:2; Colosenses 1:2; 1 Tesalonicenses 1:1; 2 Tesalonicenses 1:2; 1 Timoteo 1:2; 2 Timoteo 1:2; Tito 1:4; Filemón 1:3; 1 Pedro 1:2; 2 Pedro 1:2; 2 Juan 1:3; Judas 1:2; Apocalipsis 1:4

---

9. "Paul's Greeting of 'Grace and Peace'", *Beyond Today*, 3 de septiembre de 2019, www.ucg. org/bible-study-tools/booklets/what-does-the-bible-teach-about-grace/pauls-greeting-of-grace-and-peace.

VERSÍCULO DEL DÍA

A todos los que estáis en Roma, amados de Dios, llamados a ser santos: Gracia y paz a vosotros, de Dios nuestro Padre y del Señor Jesucristo.   —Romanos 1:7

ORACIÓN

Padre, gracias por darme paz a través de la gracia comprada para mí a un precio muy alto mediante tu Hijo Jesucristo. Ayúdame a valorarla correctamente y a extenderla a otros para que puedan conocerte mejor. En el nombre de Jesús, amén.

PIENSA

ORA

ALABA

PENDIENTES   LISTA DE ORACIÓN

_____   _____

_____   _____

_____   _____

PREGUNTAS PARA UNA REFLEXIÓN MÁS PROFUNDA

1. ¿Alguna vez has estudiado el significado bíblico de las palabras *gracia, paz* y *misericordia*? Si no lo has hecho, tómate unos minutos para hacerlo.

_____

_____

_____

2. La Biblia es fascinante. Aprender cosas como las que aprendimos hoy sobre cómo la cultura de los tiempos bíblicos afectaba el modo en que se escribían las cosas, puede ayudarnos a entender de manera más profunda lo que Dios está tratando de comunicarnos a través de los hombres con los que solía compartir su Palabra. ¿Puedes pensar en otros *significados profundos como estos* que Dios te ha mostrado? Si no es así, comienza a buscarlos cuando leas tu Biblia.

_____

_____

_____

Día 23

LA PAZ DEL PERDÓN

LECTURA: COLOSENSES 3

Soportándoos unos a otros, y perdonándoos unos a otros si alguno tuviere queja contra otro. De la manera que Cristo os perdonó, así también hacedlo vosotros.
—Colosenses 3:13

Cuando estaba en la escuela de posgrado escribí un trabajo de investigación sobre los efectos de la falta de perdón en la vida de las personas. Quería ver si un principio espiritual podía influir en las respuestas físicas y emocionales. Por ejemplo, ¿podría hacer la falta de perdón que fuéramos bruscos o irritables? ¿Podría dañar nuestras relaciones con otras personas? ¿Podría causar dolores de cabeza, enfermedades graves, o incluso muerte prematura?

En la biblioteca de Virginia Tech me encontré con el nombre de alguien que ha pasado mucho tiempo de su profesión investigando acerca del perdón. Everett Worthington Jr. es creyente y profesor emérito autónomo de la Universidad Autónoma de Virginia. Su primer libro sobre el tema, *To Forgive is Human* (Perdonar es humano), se publicó justo antes de que su mamá fuera asesinada en el año 1996. Me maravillaron los resultados de la investigación de Worthington, y rápidamente se convirtió en una de las fuentes principales para mi trabajo.

Según Worthington, la falta de perdón es una reacción de estrés que ocurre cuando se percibe una injusticia, y produce muchas de las mismas respuestas fisiológicas que otras situaciones estresantes. Fuentes de estrés como el no perdonar afectan la presión arterial, el ritmo cardiaco, la respiración, los niveles de energía, el deseo sexual, e incluso la digestión.[10] Con el paso del tiempo, dijo Worthington, el estrés no controlado puede causar problemas como tensión arterial alta, problemas de corazón, obesidad y diabetes.

Sí, no perdonar es serio, y no solo por el modo en que nos afecta físicamente. A nivel espiritual nos separa de Dios. Su palabra dice: *"Si te niegas a perdonar a los demás, tu Padre no perdonará tus pecados"* (Mateo 6:15 NTV). Si no perdonamos a otros, corremos el peligro de que se nos retire el perdón de Dios. No soy teóloga, pero eso no me suena bien.

No estoy diciendo que el perdón es una cosa fácil de ofrecer. Personalmente, creo que Worthington probablemente tenga razón en distinguir dos tipos de perdón: por decisión y por emoción. A menudo hay una decisión de perdonar porque sabemos que es lo correcto, o incluso porque genuinamente queremos ofrecerlo; pero, en realidad, el perdón a menudo viene en oleadas. Un día parece que lo hemos superado, pero al día siguiente algo doloroso regresa a nuestra mente y hace que parezca que estamos comenzando el proceso desde cero.

Tengo una amiga que pasó por una experiencia de abuso sexual cuando era una muchacha muy joven a manos de unos muchachos adolescentes que pensaban que eso era un chiste y que no tenía caso que la valoraran como un ser humano. Tardó años en perdonarlos, y te diría que incluso ahora en sus cincuenta y pocos

---

10. Everett L. Worthington, Jr. y Michael Scherer, "Forgiveness is an emotion-focused coping strategy that can reduce health risks and promote health resilience: Theory, review, and hypotheses", *Psychology and Health*, junio de 2004, vol. 19, no. 3, pp. 385–405, greatergood.berkeley.edu/images/uploads/Worthington-ForgivenessCopingStrategy.pdf.

años aún le afectan ciertas situaciones, palabras y circunstancias. En esos momentos, ella decide perdonarlos otra vez, empleando el perdón por decisión con la esperanza de que eso conducirá al perdón emocional.

PARA PENSAR

Colosenses 3:13 nos dice que deberíamos soportarnos unos a otros y perdonarnos así como el Señor nos perdonó a nosotros. Y, aunque este versículo no menciona exactamente la palabra *paz*, no puedo evitar sentir que vivir de esta manera, ofreciendo perdón de forma regular tanto en pequeñas situaciones molestas del día a día como en las cosas más importantes en las que sentimos que nos cambia la vida, conduce a una existencia más pacífica.

No guardar rencor, arreglar las cosas rápidamente, e incluso escoger dejar ir las cosas pequeñas puede marcar una gran diferencia en la paz que sentimos hacia otros. *"Porque el amor cubrirá multitud de pecados"* (1 Pedro 4:8) debería ser un estilo de vida, no solo algo que escuchamos que hacen otras personas. Hacer el duro trabajo de perdonar en las cosas grandes (incluso si hacerlo no produce reconciliación) libera nuestra mente, nuestro corazón y nuestro cuerpo del estrés físico y emocional relacionado con aferrarnos a algo que Jesús quiere que dejemos ir. El perdón nos hace más semejantes a Él.

MÁS VERSÍCULOS PARA ESTUDIAR U ORAR

Mateo 6:15; 1 Pedro 4:8

VERSÍCULO DEL DÍA

Soportándoos unos a otros, y perdonándoos unos a otros si alguno tuviere queja contra otro. De la manera que Cristo os perdonó, así también hacedlo vosotros. —Colosenses 3:13

ORACIÓN

Padre, mi reacción humana y pecaminosa a una injusticia hacia mí o hacia alguien que quiero es guardar rencor y no perdonar, pero en realidad, hacerlo no me sirve de nada ni a mí ni a tu reino. Por favor, dame fuerza para vivir en paz con los que me rodean, ofreciendo perdón en cualquier forma que pueda y en tus fuerzas. En el nombre de Jesús, amén.

PIENSA

ORA

ALABA

PENDIENTES

LISTA DE ORACIÓN

PREGUNTAS PARA UNA REFLEXIÓN MÁS PROFUNDA

1. ¿Alguna vez has experimentado las consecuencias físicas, emocionales e incluso espirituales de no perdonar? ¿Has visto producirse este proceso en otra persona? ¿Cómo se ve?

_____

_____

_____

2. Examina tu corazón. ¿Albergas falta de perdón incluso ahora? Acude a Dios y suelta eso, aunque sea difícil.

_____

_____

_____

Día 24

PAZ,
ESPERANZA Y AMOR

LECTURA: ROMANOS 15

*Y el Dios de esperanza os llene de todo gozo y paz en el creer,
para que abundéis en esperanza por
el poder del Espíritu Santo.*
—Romanos 15:13

El libro de Romanos fue escrito por el apóstol Pablo para producir avivamiento, teología y doctrina cristiana verdadera y presente, y transformar vidas. Algunos teólogos la han llamado la "maestra" y "líder" de todas las epístolas. Algunos de ellos incluso pidieron que les leyeran el libro entero de Romanos regularmente para así poder continuar absorbiéndolo y aprendiendo de él en edad avanzada.

Mi amiga Mary DeMuth, quien escribió el prólogo a este diario de oración, leyó el libro entero cada día durante noventa días mientras estudiaba para escribir sobre él. Eso no es poca cosa. Romanos es un libro largo, robusto, y un poco difícil de seguir y entender a veces, pero realmente es transformador y hace que los lectores tengan que detenerse en ciertos versículos. Romanos 15:13 es uno de ellos.

Siempre me ha resultado interesante que Pablo escogió usar la palabra *"abundar"* en este versículo en particular. Claramente, está orando por las personas a las que escribe, lo que me lleva a creer que tal vez no abundaban en esperanza. Me gustaría ser una persona que abunda en esperanza, pero creo que aún no lo soy aunque haya escrito dos libros sobre el tema. Es más, siento que tengo que trabajar en ello, pelear por ello, esperar por ello, e incluso orar para que Dios me ayude a ver esperanza cuando las circunstancias de la vida me nublan la vista.

La mayoría de personas que he conocido que parecían abundar en esperanza eran santos de más edad que habían vivido vidas enteras con Jesús. Uno de mis favoritos es Iris Brammer. Ella siempre estaba en la iglesia en la que crecí, y dirigió la biblioteca pública de nuestro pueblo durante tanto tiempo que finalmente le pusieron su nombre. Para cuando tuve edad suficiente para saber quién era ella, había sido viuda por mucho tiempo y seguramente rondaba los ochenta años. Amaba a los niños, los libros y a Jesús... y no en ese orden. Que yo pueda recordar, es la única mujer a la que le pedían que orara públicamente durante la alabanza y adoración. Sus oraciones eran memorables: largas, brillantes, respuestas apasionadas al Jesús al que tanto amaba. De hecho, según he ido madurando en mi vida de oración, mi hermano a veces me hace broma diciendo que soy "la Señora Brammer". Me siento honrada.

Iris Brammer, según yo la recuerdo, desbordaba esperanza y el amor de Jesús. El resto de las personas que recuerdo que tienen la misma actitud son más mayores, como ella, o encontraron a Jesús mientras atravesaban dificultades y retos muy importantes. Me hace pensar que abundar en esperanza es algo que viene con el tiempo y la experiencia, el fruto de un camino largo, profundo y real con el Señor.

PARA PENSAR

Mi amiga Stacey Thacker, con quien escribí esos dos libros sobre la esperanza, dice que la esperanza es pariente cercana del gozo y de la paz. Técnicamente, no es uno de los frutos del Espíritu nombrados en Gálatas 5:22-23, pero es un fruto del fruto, por así decirlo. El gozo y la paz producen esperanza.

En la Biblia se nos dice que Jesús es la fuente de nuestro gozo (Habacuc 3:18), de nuestra paz (Efesios 2:14) y de nuestra esperanza (1 Timoteo 1:1). Los últimos dos versículos incluso llegan a decir que Jesús *es* nuestra paz y *es* nuestra esperanza. Es difícil de entender exactamente, pero piensa en esos aterradores problemas de palabras de la secundaria. Matemáticamente, la palabra *es* significa igual a, es lo mismo. Esto me lleva a creer que, si Jesús *es* esperanza y paz, más de Jesús es igual a más esperanza, más paz.

En 2012, cuando Stacey y yo empezamos a hablar de modo público por primera vez sobre la esperanza, teníamos un conocimiento menos desarrollado de cómo se veía y cómo se lograba. Sabíamos que venía de Jesús. Ella solía decir: "La esperanza es una persona, y su nombre es Jesús".[11]11 Pero ahora, diez años después, nuestro entendimiento de la esperanza por la experiencia es mucho más profundo, rico y valioso. ¿Por qué? Porque hemos recibido más de Jesús. Las dos hemos experimentado grandes angustias, dificultades y pruebas que nos han demostrado una y otra vez quién es Jesús.

Jesús es igual a esperanza. El tiempo y las dificultades nos dan más Jesús. Más Jesús es igual a abundancia de esperanza, gozo y paz.

MÁS VERSÍCULOS PARA ESTUDIAR U ORAR

Habacuc 3:18; Efesios 2:14; 1 Timoteo 1:1

VERSÍCULO DEL DÍA

Y el Dios de esperanza os llene de todo gozo y paz en el creer, para que abundéis en esperanza por el poder del Espíritu Santo. —Romanos 15:13

---

11. Thacker y McGlothlin, *Unraveled*, p. 47.

ORACIÓN

Padre, cuanto más camino contigo, más creo que eres realmente mi fuente de esperanza, paz y gozo. Quiero ser el tipo de persona que abunda en esperanza, pero también sé que requiere tiempo y confianza. Ayúdame a ser alguien que trabaja por, lucha por, espera por y ora por más de tu paz, más de ti. En el nombre de Jesús, amén.

PIENSA

ORA

ALABA

PENDIENTES

LISTA DE ORACIÓN

PREGUNTAS PARA UNA REFLEXIÓN MÁS PROFUNDA

1. ¿Conoces a alguien que abunde en esperanza? ¿O en gozo? ¿O en paz? Piensa en esa persona y en lo que sabes sobre las circunstancias de su vida. No estoy hablando sobre personas que son positivas por naturaleza, sino de personas que reflejan algo que está vinculado distintivamente con su relación con Cristo. ¿Cuánto tiempo han estado caminando con Jesús? ¿Por qué marca la diferencia?

_____

_____

_____

2. ¿Eres alguien que abunda en paz? ¿Cómo crees que se vería que te convirtieras en esa persona?

_____

_____

_____

Día 25

PAZ EN LA ESPERA

LECTURA: SALMOS 46

Estad quietos, y conoced que yo soy Dios; Seré exaltado entre
las naciones; enaltecido seré en la tierra.
—Salmos 46:10

Una vez escuché que realmente no hay niños a los que no les guste leer, sino solo niños que están leyendo los libros equivocados. Estoy muy en desacuerdo.

Yo he leído toda mi vida. Durante mi infancia, mi mamá preparó un *buffet* de clásicos que estaba siempre a mi disposición, al igual que algunos libros divertidos de principios de los años noventa (¿hay alguna otra fan de la serie *El club de las niñeras* por ahí?). Recibía libros por Navidad, por mi cumpleaños, y simplemente porque sí. Me encantaba. Para mí, recibir un libro nuevo era una invitación para ir a vivir a otro mundo; aunque no había nada que estuviera realmente mal en el mundo en el que vivía, amaba sentirme parte de algo diferente aunque fuera solo por un momento.

Así que te puedes imaginar mi desesperación cuando a pesar de mis mayores esfuerzos por hacer lo mismo para mis propios hijos, di a luz a dos varones que aborrecen leer. Habrían preferido arrancar las páginas a los libros o usar sus libros como bates de béisbol en lugar de tener que sufrir la agonía de estar lo suficientemente quietos para leerlos. Solo les gustaba leerlos a la hora de irse a la cama, pero estoy segura de que solo lo hacían para demorar la hora de apagar la luz.

Lo hice todo bien, lo prometo. Creé rincones de lectura, les compré libros preciosos y coloridos, libros para varones, de deportes, clásicos, comedias; lo intenté todo. Incluso intenté llevarlos a librerías para que les emocionaran los libros. Para mí, el simple hecho de entrar a una librería me causa todo tipo de sentimientos cálidos y agradables. Me trae recuerdos de viajar a la librería más cercana para obtener los siguientes cuatro o cinco libros de la serie *Las gemelas de Sweet Valley* cuando tenía doce años. Sin embargo, para mis hijos las librerías eran aburridas.

Tardé un tiempo en darme cuenta de que, cuando yo decía que era la hora de leer, mis hijos escuchaban: "Es hora de quedarse quietos". Creo que, más que nada, eso es lo que aborrecían. Ahora que son adolescentes, he detectado ocasiones en las que realmente puedan disfrutar de un libro, pero todavía no leen nada que no requieran sus maestros, y aún aborrecen estar quietos.

Metafóricamente... espiritualmente... yo hago lo mismo.

PARA PENSAR

En Éxodo 14, Moisés y los israelitas estaban huyendo del ejército egipcio. Finalmente quedaron atrapados entre ese ejército y el Mar Rojo, y la muerte parecía inminente. Los israelitas tenían miedo, y comenzaron a acusar a Moisés de haberlos sacado de su cautiverio en Egipto para morir en el desierto. La respuesta de Moisés es el himno para cualquiera que esté pasando necesidad:

> *Y Moisés dijo al pueblo: No temáis; estad firmes, y ved la salvación que Jehová hará hoy con vosotros; porque los egipcios que hoy habéis visto, nunca más para siempre los veréis.*

Jehová peleará por vosotros, y vosotros estaréis tranquilos.
                                                  —Éxodo 14:13-14

Creo que esa es la parte que me molesta. No que Dios luchará por mí, ni que proveerá un camino donde no parece que lo hay. Yo quiero eso y estoy agradecida y llena de humildad por ello, sobre todo cuando me siento acorralada por todas partes. Es que se supone que tengo que estar quieta y callada mientras Él lo hace, y eso es lo que no me gusta. Estar quieta y dejar que las cosas ocurran va en contra de la naturaleza humana, porque queremos arreglarlas. Hace falta compromiso y confianza para poder estar quietas sabiendo que Dios es Dios y que se hará cargo de nuestras necesidades, pero hay mucha más paz cuando lo hacemos.

MÁS VERSÍCULOS PARA ESTUDIAR U ORAR

Éxodo 14

VERSÍCULO DEL DÍA

Estad quietos, y conoced que yo soy Dios; Seré exaltado entre las naciones; enaltecido seré en la tierra.   —Salmos 46:10

ORACIÓN

Padre, es difícil para mí esperar a que tú obres, pero cuando me adelanto o intento hacer que las cosas ocurran antes del tiempo correcto (tu tiempo) formo un desastre. Ayúdame a no ser como los israelitas, con miedo y quejas. Por el contrario, ayúdame a esperar pacientemente tu provisión. Creo que siempre lo harás. En el nombre de Jesús, amén.

PIENSA

_____

_____

_____

ORA

_____

_____

_____

ALABA

_____

_____

_____

PENDIENTES   LISTA DE ORACIÓN

_____   _____

_____   _____

_____   _____

PREGUNTAS PARA UNA REFLEXIÓN
MÁS PROFUNDA

1. ¿Alguna vez has estado en una situación en la que estabas acorralada, por así decirlo? ¿Cómo proveyó Dios?

_____

_____

_____

2. ¿Te resulta difícil esperar y confiar en Dios en tus circunstancias? ¿De dónde crees que viene eso?

_____

_____

_____

Día 26

PAZ EN SABER QUIÉN ES DIOS

LECTURA: 2 CORINTIOS 5

De modo que si alguno está en Cristo, nueva criatura es; las cosas viejas pasaron; he aquí todas son hechas nuevas.

—2 Corintios 5:17

Hace varios años atrás, comencé a recordar frecuentemente un pecado de mi pasado. Era algo que Dios y yo habíamos solucionado hace mucho tiempo. Lo confesé de corazón y Dios me dio libertad de ese pecado. No solo eso, sino que también me concedió una victoria importante sobre él. Nunca me he sentido tentada a pecar de esa manera desde entonces, pero de repente me di cuenta de que estaba pensando en ello casi todo el tiempo. Cuando despertaba, era lo primero que pensaba. En diferentes momentos del día, me venía a la mente y me causaba vergüenza. En la noche, cuando intentaba orar hasta dormirme, ocupaba el lugar del resto de mis pensamientos. No me lo podía quitar de encima. Una noche me sentí al borde de entrar en pánico debido a eso y no pude dormir en toda la noche.

A la luz del día era más fácil vencer los sentimientos de culpa y vergüenza, y preguntarme por qué estaba batallando tanto con algo que había solucionado con Dios hacía tanto tiempo atrás. Ya estaba vencido bajo la sangre de Jesús, y yo era limpia y perdonada de ese pecado. Y, sin embargo, ahí estaba. Me parecía casi ridículo que estuviera pensando en ello otra vez, excepto por el momento del ataque.

Justo antes de publicar mi primer libro *Praying for Boys* (Orando por los varones), comencé a sentir todo tipo de presiones, y tenía serias dudas sobre si cualquier tipo de vida pública, por muy pequeña que fuera, era buena para mi familia. No escribí *Praying for Boys* desde un lugar de victoria total, sino desde la perspectiva de una mamá en las trincheras que batallaba con sus hijos y que había encontrado una *medida* de victoria al aprender a orar la Palabra de Dios.

Desde entonces, mi medida de victoria ha aumentado exponencialmente, pero todavía no escribo desde una posición de victoria total, sino solo como alguien que está ahí contigo en el desastre. Mis hijos son los adolescentes más normales que podrás conocer. Batallan con las mismas cosas con las que casi todo el resto de muchachos adolescentes batallan, y necesitan a Jesús tanto como yo.

Justo antes de la publicación del libro, me vi abrumada con el pensamiento de que alguien que leyera *Praying for Boys* podría pensar que mis muchachos son perfectos o de alguna manera mejores o más santos que otros muchachos. Esas expectativas podrían dañarlos. ¿Valía la pena arriesgarse? ¿Debía echarme atrás y dejar de escribir libros por el impacto negativo que podría tener sobre mi familia y sobre mis amados hijos? Esas eran las preguntas que me inundaban a finales del año 2013.

Fue ahí, en ese momento crucial, cuando el enemigo lanzó su ataque al hacerme recordar ese pecado. Ahora creo que fue un ataque estratégico sobre mí. No quiero que parezca que soy importante, pero Dios me había dado un mensaje importante y una forma de compartirlo. ¿No tiene sentido que el enemigo quisiera evitar eso? ¿Y no suena como una de sus tácticas atacarme en mis puntos débiles: mis hijos y mi pecado pasado?

Créeme, el enemigo te atacará sin importar quién seas, incluso si no estás sirviendo en el ministerio a tiempo completo. Solo hace falta que estés siguiendo la voluntad de Dios, trabajando para su reino, u orando por otros que están en las primeras líneas. Eso es llevar a cabo la Gran Comisión de Mateo 28:19-20.

PARA PENSAR

He aprendido que, cuando el enemigo me recuerda quién *era* yo, le recuerdo *quién es Dios*. Eso le recuerda *quién soy yo ahora*.

Creo que el enemigo intentaba evitar que yo siguiera lo que sabía que Dios me había llamado a hacer en esa etapa. Intentó hacerme sentir que eso pondría en peligro a mi familia, y trató de hacer que me preguntara si estaba calificada debido al pecado del pasado. La verdad es que seguir radicalmente a Jesús puede ser peligroso. A decir verdad, probablemente yo sea la persona menos calificada que conozca para hacer cualquier cosa para Dios, pero creo que eso es precisamente lo que me califica, al igual que a ti.

Cuando el enemigo quiera echarte en cara lo que pasó antes de que conocieras a Jesús, recuérdale a quién perteneces ahora. La única cosa que *debemos* tener para ser aprobadas para trabajar en su reino es su perdón, y lo tenemos.

MÁS VERSÍCULOS PARA ESTUDIAR U ORAR

1 Corintios 1:27

VERSÍCULO DEL DÍA

De modo que si alguno está en Cristo, nueva criatura es; las cosas viejas pasaron; he aquí todas son hechas nuevas.

—2 Corintios 5:17

ORACIÓN

Padre, muchas gracias por hacerme nueva. Todo mi pecado pasado, presente y futuro está cubierto por el sacrificio de tu Hijo. Estoy cubierta. Cuando el enemigo intente recordarme quién era yo antes, ayúdame a recordar que le diga quién eres tú. En el nombre de Jesús, amén.

PIENSA

_____

_____

_____

ORA

_____

_____

_____

ALABA

_____

_____

_____

PENDIENTES

_____

_____

_____

LISTA DE ORACIÓN

_____

_____

_____

PREGUNTAS PARA UNA REFLEXIÓN MÁS PROFUNDA

1. ¿Te ves a ti misma como una nueva criatura? ¿Qué significa para ti saber que las cosas viejas han pasado?

_____

_____

_____

2. ¿Te ataca el enemigo con lo que sucedió en el pasado? Recuérdale lo que ahora es.

_____

_____

_____

Día 27

PAZ EN PERMANECER

LECTURA: 1 JUAN 2

Lo que habéis oído desde el principio, permanezca en vosotros.
Si lo que habéis oído desde el principio permanece en vosotros,
también vosotros permaneceréis en el Hijo y en el Padre.
—1 Juan 2:24

Las últimas semanas en la casa McGlothlin para varones, como he llamado de forma cariñosa a nuestro hogar durante los últimos quince años, me han recordado que estoy criando a dos varones normales, desafiantes y preciosos. A sus casi quince y diecisiete años (uno con una licencia de conducir nueva) pasan cada vez más tiempo fuera de casa. Los deportes, tiempo con sus amigos, novias (¡ay!), actividades de la iglesia y otras cosas atentan contra nuestro tiempo diario con ellos. Y no me estoy quejando; se están preparando para ser hombres. Mi hijo mayor está en su último año de secundaria, y estamos hablando con amigos y familiares que trabajan en la profesión que a él le interesa para investigar los siguiente pasos que debe tomar.

¿Cómo llegamos hasta aquí? Cuando escribí *Praying for Boys* (Orando por los varones), tenían cinco y siete años, ¡y no estaba segura de que sobreviviría a ellos! De hecho, entendí que no lo conseguiría sin la ayuda de Dios, y por eso escribí el libro. Ahora echo la vista atrás a todas las veces que mi esposo y yo nos volcamos con ellos, oramos por ellos, les enseñamos las Escrituras y los llevamos a la iglesia, y puedo ver lo rápido que se pasa todo.

Y me queda esta oración: "Señor, que esto se les quede marcado".

Mientras ofrecía concesiones en un partido de básquet recientemente, una maestra de la escuela de mi hijo se acercó a mí para decirme que mi hijo mayor es un buen muchacho. Su hijo había asistido a una reunión del grupo *Fellowship of Christian Athletes* después del almuerzo la semana anterior, y mi hijo era el conferencista. Solo fue por unos minutos, probablemente menos de cinco, pero lo que fuera que él dijo impactó tanto a su hijo, que incluso lo compartió con su mamá, y ella se vio obligada a hablar conmigo.

PARA PENSAR

Mi hijo *es* un buen muchacho, pero también puede llegar a ser el graciosillo de la sala. En realidad, es un adolescente completamente normal con dudas, miedos y preguntas sobre la vida y la fe. Es importante para mí que sepas esto. Mis hijos son normales, y los temores que enfrento como mamá seguramente sean los mismos que los tuyos. Muchas, *muchas* mañanas, lo he visto irse manejando con su hermano y he orado: "Señor, que esto se les quede marcado". Con eso me refiero a lo siguiente: "Señor, por favor toma todo lo que hemos dicho y hecho, y que la verdad sea lo que les susurre cuando estén lejos de nosotros. Haz que lo que han escuchado desde el principio permanezca en ellos".

Es mi oración que la verdad de la Palabra de Dios que hemos intentado esconder en sus corazones a lo largo de sus vidas haya echado raíces tan profundas que salga en los momentos que menos esperen para guiarlos, controlarlos, inspirarlos, e ir por delante de ellos. Como mamá, puedo pasarme todo el tiempo preocupándome por las dificultades que tendrán que enfrentar y las tentaciones que tendrán que superar, o puedo confiar en que la Palabra de Dios no regresará en vano en sus vidas (ver Isaías 55:11). Hemos sido fieles en compartirla con ellos y ayudarles a entenderla, y hemos orado fervientemente sobre sus vidas casi desde su nacimiento. Dios mantendrá a salvo esas semillas de fe y ayudará a que crezcan en el momento correcto. Lo creo, y eso me produce paz.

MÁS VERSÍCULOS PARA ESTUDIAR U ORAR

Isaías 55:11; Hebreos 4:12

VERSÍCULO DEL DÍA

Lo que habéis oído desde el principio, permanezca en vosotros. Si lo que habéis oído desde el principio permanece en vosotros, también vosotros permaneceréis en el Hijo y en el Padre.

—1 Juan 2:24

ORACIÓN

Padre, mis hijos, mis amados… te pertenecen. Ayúdame a ser un testigo fiel en sus vidas, y haz que lo que he plantado en sus corazones desde el principio permanezca en ellos, echando raíces profundas y fructíferas. En el nombre de Jesús, amén.

PIENSA

_____

_____

_____

ORA

_____

_____

_____

ALABA

PENDIENTES   LISTA DE ORACIÓN

PREGUNTAS PARA UNA REFLEXIÓN MÁS PROFUNDA

1. ¿Has compartido fielmente tu fe con tus hijos? Si no lo has hecho, comienza hoy. Puede parecer extraño para todos al principio, pero los niños son más resilientes y perdonadores de lo que puedas creer. ¡Da un paso de fe y comparte a Jesús con ellos hoy!

2. Cuando las cosas van mal con nuestros hijos, podemos sentirnos tentadas a ser abrumadas y sentirnos fracasadas en todo. Toma un momento para hacer una lista de las cosas que has hecho *bien* con tus hijos, y después da gracias a Dios por ello, pidiéndole que tome las semillas de fe y haga que crezcan en los corazones de tus hijos.

Día 28

PAZ EN COMUNIDAD

LECTURA: 1 CORINTIOS 10

No os ha sobrevenido ninguna tentación que no sea humana;
pero fiel es Dios, que no os dejará ser tentados más de lo que
podéis resistir, sino que dará también juntamente con la
tentación la salida, para que podáis soportar.
—1 Corintios 10:13

Siempre me ayuda pensar que no estoy sola.

Cuando mis hijos eran muy pequeños, me sentía extremadamente aislada. No porque no tuviera amigos, ni iglesia, ni mi propia familia a la que acudir; principalmente me sentía aislada porque tenía miedo de dejar que la gente viera cuánto batallaba como mamá. No sentía que estaba haciendo un buen trabajo, y mi yo perfeccionista y centrado en objetivos pensó que debía esconderlo.

Para ser sincera, no todo era para intentar esconder. A veces de verdad sentía como si la gente no entendiera a mis hijos (dos varones difíciles de manejar, ruidosos y agresivos), y quería tomarme el tiempo que teníamos en casa para trabajar y crecer en la esperanza de que eso se viera reflejado en nuestra vida pública. Pero, aun así, me mantenía alejada del resto, a solas con mis pensamientos.

Al margen de los motivos, el resultado fue que me sentía aislada, y por eso también tenía la sensación de ser la única mamá que batallaba con sus hijos. Lee de nuevo lo que acabo de decir: debido a mis dificultades sentía que era la única mamá que batallaba con sus hijos.

Ahora sé que eso era una mentira, pero en aquel entonces esa mentira parecía la mayor verdad que existía, y me costó salir de ahí. Como resultado, mis debilidades comenzaron a ser lo único que podía ver. Se hicieron tan grandes que me sentía como un fracaso miserable. Esa forma de pensar (que las cosas nunca estarían bien, y que no tenía lo que había que tener) comenzó a inundar mi corazón y mi alma. Pensar de esa manera hacía que viera muy fácilmente todas las cosas malas en mi vida, pero hacía mucho más difícil ver las cosas buenas. Es un modo de vida pesimista y no muy divertido. Los primeros años de la infancia de mis hijos me resultaron muy estresantes y carentes de paz.

Si me hubieras pedido en ese entonces que hiciera una lista de mis debilidades, podría haber llenado dos páginas en dos minutos. Sabía dónde fallaba, pero no estaba segura de qué hacer al respecto. Por otro lado, si me hubieras pedido que hiciera una lista de mis fortalezas, me habría costado hacerla. Ser mamá me hacía dudar mucho de mí misma. Me sacudió en todos los aspectos, en el buen sentido. Ahora miro atrás y sé…

Necesitaba ser sacudida.

PARA PENSAR

Dios usó la maternidad para reorientar por completo mi modo de pensar, y veo que Él hace eso para la mayoría de nosotras, seamos mamás o no. Como nos ama tanto, no está dispuesto a que nos quedemos donde estamos o que veamos la vida bajo una perspectiva diferente a la suya, porque eso nos arruina. Realmente es muy complicado ver la vida a través de una lente que no sea la Palabra de Dios. Debido a que Él era tan bueno conmigo, me sacudió y me hizo desprenderme de ciertos modos de pensar acerca de mí y de otros que no me estaban haciendo ningún bien, incluyendo la mentira de que yo era la única mamá que batallaba.

Para mí, parte de la respuesta fue salir al sol: a la comunidad. Comencé a rodearme intencionalmente de mujeres que estaban más avanzadas en el camino de la maternidad y de la vida, y las observaba vivir. Miraba sus decisiones, estudiaba las Escrituras con ellas en los estudios bíblicos para mujeres, e incluso lideré algunos estudios bíblicos. No exagero cuando digo que me cambió la vida ver que otras mujeres batallaban. En *Unraveled* escribí:

> Escogí llenar los espacios vacíos de la vida de una mamá cansada, con verdad en lugar de quejas, con fe en lugar de preocupación, con gracia en lugar de comparación. Dejé de escuchar las voces que señalaban mi vergüenza y me abatían, y comencé a llenar mi corazón con las voces de la verdad.[12]

La otra parte fue aprender a reconocer que realmente no tengo lo que hay que tener. No soy suficiente y nunca lo seré, y puedo dejar de intentar serlo. Comencé a estar tranquila con no tener todas las respuestas y acudir a Aquel que sí las tiene. Entendí que:

> Todas las fortalezas y debilidades que poseemos son parte del plan de Dios para nuestra hermosa y desastrosa vida. Él usa cada detalle de nuestro desastre para su gloria, y puede redimir incluso nuestros errores más profundos, oscuros y osados hasta hacerlos más preciosos de lo que podríamos haber imaginado.[13]

MÁS VERSÍCULOS PARA ESTUDIAR U ORAR

1 Corintios 12:14-18; 2 Corintios 12:9-10

---

12. Thacker y McGlothlin, *Unraveled*, p. 22.
13. Ibid., p. 23.

VERSÍCULO DEL DÍA

No os ha sobrevenido ninguna tentación que no sea humana; pero fiel es Dios, que no os dejará ser tentados más de lo que podéis resistir, sino que dará también juntamente con la tentación la salida, para que podáis soportar. —1 Corintios 10:13

ORACIÓN

Padre, ayúdame a recordar que no estoy sola. Incluso cuando batallo en la vida, incluso si no puedo encontrar un mentor, e incluso si la comunidad es escasa, te sigo teniendo a ti. Ayúdame a no esconderme de ti y a estar tranquila con no tener todas las respuestas, porque tú sí las tienes. En el nombre de Jesús, amén.

PIENSA

ORA

ALABA

PENDIENTES   LISTA DE ORACIÓN

PREGUNTAS PARA UNA REFLEXIÓN MÁS PROFUNDA

1. No es fácil abrir las cortinas y mirar todo lo que no va bien en nuestra vida. Créeme, ¡lo sé! Sin embargo, produce alivio descubrir que no estamos solas, y que otras personas también batallan del mismo modo que nosotras. ¿Necesitas abrir hoy las cortinas y ver algo?

2. ¿De qué manera puedes unirte a una comunidad de mujeres de tu mismo parecer? Si no puedes encontrar ninguna, ¿podrías comenzar una tú misma?

Día 29

PAZ QUE SE ENCUENTRA EN LA VERDAD

LECTURA: JOB 9

Dios es tan sabio y tan poderoso. ¿Quién lo ha desafiado
alguna vez con éxito? Él mueve las montañas sin dar aviso;
en su enojo las voltea. Él sacude la tierra de su lugar
y tiemblan sus cimientos.

—Job 9:4-6 (NTV)

A veces Dios no mueve la montaña.

Lo sé, lo sé. A mí también me encanta la canción "Mi Dios puede salvar",[14] y no sería igual si cantaran "Cristo puede mover montes, pero a veces decide no hacerlo". Sin embargo, es la verdad. Sin duda, Dios puede mover cualquier montaña de nuestras vidas... pero a veces decide hacer algo diferente.

Recientemente, mis dos hijos adolescentes y yo estábamos sentados a la mesa conversando sobre lo que significa verdaderamente alejarse de Dios. Hablamos sobre cómo todos a veces se enojan con Dios, lo cuestionan, e incluso dejan de hablar con Él durante un tiempo. Algunos escogerán no regresar nunca a Dios, pero creo que esas personas puede que no llegaran a conocer al Señor en un principio. Otros, como Pedro, dirán:

---

14. Hillsong Worship, "Mighty to Save", en *Mighty to Save* (Hillsong Music, 2006).

Señor, ¿a quién iremos? Tú tienes palabras de vida eterna. Y nosotros hemos creído y conocemos que tú eres el Cristo, el Hijo del Dios viviente. —Juan 6:68-69

Durante un periodo corto, cuando tenía unos treinta años, dejé de creer que Dios quería ser bueno conmigo. Habíamos atravesado una serie de dificultades como familia, culminando con un aborto prematuro de nuestro tercer hijo. Me quedé aturdida y, sinceramente, un poco frustrada porque Dios no había movido ninguna de las montañas que se habían presentado en nuestras vidas durante los últimos años. Pasé unos meses sin orar, sin leer mucho mi Biblia, y sin hablar con nadie sobre cómo me sentía. Pero, al final, encontré el camino de regreso, en parte por lo que Pedro dijo.

Me convertí cuando tenía nueve años y empecé a caminar de cerca con el Señor unos días antes de mi veintiún cumpleaños. Tenía una relación genuina con Jesús. *Conocía* la verdad, sabía que Jesús tenía palabras de vida eterna, y había creído de corazón que era el Santo de Dios. Una vez que *aprendes* eso en lo profundo de tu corazón, creo que no puedes desaprenderlo, incluso si Dios no mueve tus montañas.

PENSAR

Tener fe en lo que Dios puede hacer está bien. Creer está bien. Orar para que Dios quite obstáculos en nuestras vidas no está mal. Pero nuestra fe, nuestra creencia y nuestras oraciones no son lo que mueve montañas. No son mágicas, y no podemos elegir las montañas que se mueven. Nuestra fe, nuestra creencia y nuestras oraciones se unen con Dios, quien creó la montaña y puede hacer que se mueva si así lo decide. A veces no lo hace, sino que nos pide que la rodeemos, que la escalemos, que cavemos un túnel a través de ella, o que simplemente nos sentemos y aprendamos a animar a otros que están lidiando con la misma montaña (ver 2 Corintios

1:4). A veces nunca nos libramos de ella porque Dios la usa para que sigamos desesperadas por Él (ver 2 Corintios 12:9).

No siempre entiendo eso. No sé por qué diferentes personas recorren caminos diferentes por encima, alrededor o a través de su montaña, y me gustaría poder averiguar un ritmo o patrón para que todo encaje. Si lo hay, le pertenece a Dios, y solo Él decide qué hacer con mis montañas y con las tuyas.

Ese no es necesariamente el mensaje que queremos escuchar, pero es el verdadero, y conocer la verdad cambia nuestra experiencia del amor y la bondad de Dios. Esto lo significa todo. Por lo tanto, sigue pidiéndole a Dios que mueva la montaña, sea la que sea. Yo pienso hacerlo. Sin embargo, ten en mente que si no la mueve, solo significa que tu montaña está donde Él quiere que esté por ahora; y también lo estás tú.

MÁS VERSÍCULOS PARA ESTUDIAR U ORAR

1 Corintios 1; 2 Corintios 12

VERSÍCULO DEL DÍA

Dios es tan sabio y tan poderoso. ¿Quién lo ha desafiado alguna vez con éxito? Él mueve las montañas sin dar aviso; en su enojo las voltea. Él sacude la tierra de su lugar y tiemblan sus cimientos.   —Job 9:4-6 NTV

ORACIÓN

Padre, tú eres bueno. Pase lo que pase en mi vida, muevas mis montañas o las dejes ahí para tu gloria, eres bueno. Ayúdame a confiar en ti incluso en esto. En el nombre de Jesús, amén.

PIENSA

ORA

ALABA

PENDIENTES

LISTA DE ORACIÓN

PREGUNTAS PARA UNA REFLEXIÓN MÁS PROFUNDA

1. ¿Alguna vez Dios movió una montaña para ti? ¿Cómo se sintió eso?

---

2. ¿Alguna vez has considerado que la decisión de Dios de dejar tu montaña puede haber sido lo mejor para ti o para otra persona en tu vida?

_____

_____

_____

Día 30

PAZ EN PODER ORAR

LECTURA: SALMOS 23

Aunque ande en valle de sombra de muerte, no temeré mal alguno, porque tú estarás conmigo; Tu vara y tu cayado me infundirán aliento.

—Salmos 23:4

Una de las frases típicas sobre la oración que más me molesta es: "Bueno, lo único que podemos hacer es orar". Durante años he creído que la mayoría de los cristianos entienden esto al revés. La oración no es un último recurso. Es la primera y mejor respuesta que tenemos ante los retos de la vida. Creo con todo mi corazón que Dios diseñó la oración como nuestro modo de colaborar con Él, de tener una relación con Él, y de trabajar con Él para alcanzar los propósitos de su reino aquí en la tierra. Hay muchas cosas que no entiendo de la oración, pero creo lo siguiente: la oración no es lavarse las manos, no es pasiva, y no es un último recurso. La oración es acción, y deberíamos recurrir a ella en primer lugar.

Con eso dicho, hay veces en que lo único que podemos hacer es orar. Sin embargo, ese conocimiento debería llenarnos de paz, esperanza y fuerzas renovadas, no de depresión o desesperación.

Cambiemos nuestro modo de pensar sobre la oración. ¡Tenemos acceso al *Dios que puede*! ¡La oración es algo que *podemos* hacer! Es el privilegio y el derecho de los creyentes para pedirle a Dios que actúe cuando otros tienen que apoyarse en sus propias fuerzas. Cuando verdaderamente tenemos fe en el Dios que puede, no hay que dejar que el hecho de que a menudo *no podemos* nos robe nuestra paz.

Tal vez has experimentado una dificultad, un reto o un diagnóstico que literalmente no tienes ninguna forma de cambiar. Quizá hay una relación que no puedes arreglar, y saber eso te hace sentirte triste e impotente.

Levanta la cabeza.

Tal vez tu vida no se parece a la que habías soñado, o Dios no ha respondido una oración del modo que esperabas. Quizá lo has sentido callado en un tema de mucha importancia para ti y simplemente no ha abierto un camino para tu necesidad todavía.

Levanta la cabeza.

Tal vez, cuando analizas detalladamente la historia de tu vida, parece imposible que pudieras sobrevivir a las dificultades y pruebas, y te preguntas cómo la mujer que te mira frente al espejo es tan diferente de la muchacha que solías ser.

Levanta la cabeza.

Como creyentes, como hijas de Dios, la oración puede que sea lo único que podemos hacer en ciertas situaciones, pero tenemos la esperanza que los incrédulos no tienen. Incluso cuando sientes que no hay nada más que hacer, nada más que puedas hacer para arreglar las heridas en tu vida o cambiar cómo resultaron las cosas, no te has quedado sin estrategias. Dios te ha dado acceso a Él mismo, y aunque Él pueda decidir no arreglarlo inmediatamente o del modo que tú deseas, siempre hay esperanza cuando colaboras con Él.

¡Levanta la cabeza!

PARA PENSAR

El misterio de la oración, querida amiga, es que es mucho más que un simple "sí", "no", o "espera".. Dios *sí* nos responde cuando clamamos a Él. La oración es el modo en que hablamos con el Dios que nos creó, que nos ama, que envió a su Hijo para morir por nosotras, y que desea una relación personal e íntima con nosotras. La oración es lo que diferencia a un creyente de otra persona que tenga cualquier otra creencia. Puede que la oración no sea exclusiva de la fe cristiana, pero como cristianas tenemos la distinción de orar al *único* Dios que venció a la muerte, que aún está vivo, y que guía y ama de forma activa a sus discípulos desde un lugar de poder y gloria en el cielo.

La oración es fe activa en el Dios que nos da todo lo que necesitamos en cada situación que se nos presenta. La oración es tener más de Dios mismo. No es siempre la respuesta que esperábamos, pero siempre es más de Dios.

Eso es lo que tienes, sin desesperación ni desesperanza, ni siendo un último recurso, sino la habilidad de seguir adelante con confianza y paz, sabiendo que no estás sola. *Nunca estás sola.*

PARA ORAR

Jehová es mi pastor; nada me faltará. En lugares de delicados pastos me hará descansar; Junto a aguas de reposo me pastoreará. Confortará mi alma; Me guiará por sendas de justicia por amor de su nombre. Aunque ande en valle de sombra de muerte, No temeré mal alguno, porque tú estarás conmigo; Tu vara y tu cayado me infundirán aliento. Aderezas mesa delante de mí en presencia de mis angustiadores; Unges mi cabeza con aceite; mi copa está rebosando. Ciertamente el bien y la misericordia me seguirán todos los días de mi vida, Y en la casa de Jehová moraré por largos días.

MÁS VERSÍCULOS PARA ESTUDIAR U ORAR

2 Pedro 1:3

VERSÍCULO DEL DÍA

Aunque ande en valle de sombra de muerte, No temeré mal alguno, porque tú estarás conmigo; Tu vara y tu cayado me infundirán aliento. —Salmos 23:4

ORACIÓN

Padre, gracias por querer darme más de ti. En los momentos en que soy tentada a desesperarme e incluso en los tiempos donde todo va bien, ayúdame a recordar que nunca estoy sola, nunca estoy desesperanzada, y siempre tengo sabiduría si simplemente clamo a ti en oración. En el nombre de Jesús, amén.

PIENSA

ORA

ALABA

PENDIENTES

LISTA DE ORACIÓN

_____

_____

_____

_____

_____

_____

PREGUNTAS PARA UNA REFLEXIÓN MÁS PROFUNDA

1. ¿Cómo es tu vida de oración? ¿Oras a menudo, o tratas la oración como si fuera un último recurso?

_____

_____

_____

2. Todas podemos mejorar nuestra vida de oración. Si la tuya no es como quisieras que fuera, escoge una cosa que puedas hacer para invitar a Dios a los momentos de tu día. Considera ponerte una alarma en ciertos momentos y pausar unos minutos para orar.

_____

_____

_____

ACERCA DE LA AUTORA

Brooke McGlothlin recibió su licenciatura en psicología de Virginia Tech y su maestría en consejería de la Universidad Liberty. Durante más de diez años fue directora de servicios clínicos en un ministerio de asistencia al embarazo en su localidad antes de tomar la mejor decisión de su vida: quedarse en casa con sus hijos. Brooke utiliza su experiencia ministerial para alcanzar a mujeres, escribiendo para traer esperanza a las complicaciones de la vida en medio de las complejidades de su propia vida.

En 2010 Brooke fue cofundadora de *Raising Boys Ministries* con Erin Mohring, y por más de nueve años equipó a los padres y las madres que tienen hijos varones para criar hijos temerosos de Dios. En 2019 lanzaron un nuevo ministerio llamado *Million Praying Moms* (Un millón de mamás que oran), que existe para ayudar a las mamás a hacer de la oración su primera y mejor respuesta ante los desafíos de la crianza de los hijos.

Ahora, Brooke está frente a *Million Praying Moms* en solitario, y presenta el podcast de *Million Praying Moms*. Puedes encontrar sus escritos y recursos de oración creativos para las mamás cristianas de hoy en el blog de *Million Praying Moms*. Entre los libros que ha escrito se encuentran *Praying for Boys: Asking God for the Things They Need Most; Unraveled: Hope for the Mom at the End of Her Rope; How to Control Your Emotions, So They Don't Control You: A Mom's Guide to Overcoming; Gospel Centered Mom: The Freeing Truth About What Your Kids Really Need; y Praying Mom: Making Prayer the First and Best Response to Motherhood.*

Brooke, junto a su esposo y sus dos hijos varones, vive en los montes Apalaches y ha hecho del sudoeste de Virginia su hogar.

Para conectar con Brooke, visita:

www.millionprayingmoms.com

www.brookemcglothlin.net